Mechthild R. von Scheurl-Defersdorf

Ein Paar – ein Wort

Mechthild R. von Scheurl-Defersdorf

Ein Paar – ein Wort

Besser miteinander reden

KREUZ

Lingva Eterna ist eine eingetragene Marke.

© KREUZ VERLAG
in der Verlag Herder GmbH, Freiburg im Breisgau 2014
Alle Rechte vorbehalten
www.kreuz-verlag.de

Umschlaggestaltung: Vogelsang Design
Umschlagmotiv: © Neale Cousland / Henry Bonn – fotolia.com

Satz: de·te·pe, Aalen
Herstellung: fgb · freiburger graphische betriebe
www.fgb.de

Printed in Germany

ISBN 978-3-451-61273-2

Inhalt

Einleitung
Partnerschaft kann jeder lernen

Menschen haben ein ganz natürliches Bedürfnis nach einem anderen Menschen, mit dem sie sich austauschen können und bei dem sie sich rundherum wohlfühlen. Eine liebevolle, lebendige Partnerschaft stillt dieses urmenschliche Bedürfnis. Sie bedeutet für beide Partner ein großes Glück.

Denn nun können die beiden Partner füreinander da sein und miteinander das Leben gestalten und genießen. Sie können dabei vielerlei Freuden miteinander teilen und auch Herausforderungen gemeinsam meistern. Das Leben ist bunt und schön und immer wieder von Neuem aufregend. Und idealerweise haben beide Partner genügend Freiräume – für beide zusammen und auch für jeden einzelnen.

Jedes Paar wünscht und erhofft sich am Beginn seiner Partnerschaft eine solch wunderbare Qualität der Gemeinschaft für die Zukunft zu zweit, sodass sie miteinander glücklich bleiben und beständig in ihrer Liebe wachsen können.

Dieses Buch will allen Menschen Mut machen und einen Weg zu einer liebevollen, wertschätzenden Partnerschaft aufweisen. Es enthält eine Fülle von praktischen Anregungen für den ganz konkreten Alltag und darüber hinaus.

Wenn ich von Paaren spreche, dann meine ich die Partnerschaft von Mann und Frau, auch wenn es andere Lebensformen gibt. Die in diesem Buch enthaltenen Anregungen lassen sich im Wesentlichen auch auf andere Gemeinschaften übertragen.

Dauerhaftes Glück kommt nicht von alleine. Es fällt nicht einfach vom Himmel. Vielmehr ist es erforderlich, dass ein

Paar dafür immer wieder und dauerhaft etwas macht. Jeder Mensch kann lernen, wie das geht: Erfolg in der Partnerschaft ist ebenso erlernbar wie beruflicher Erfolg. Eine glückliche, stabile Partnerschaft ist wiederum ein großartiger Nährboden für den beruflichen Erfolg.

Glück und Zufriedenheit lassen sich einladen. So wie junge Menschen eine berufliche Ausbildung absolvieren und sich auch später immer wieder weiterbilden, so können sie sich auch in Sachen Partnerschaft aus- und weiterbilden. Junge Menschen lernen im Rahmen ihrer Ausbildung wichtige Grundlagen, um beruflichen Erfolg erlangen zu können. Dabei lernen sie jedoch wenig zur Entwicklung ihrer Persönlichkeit. Ebenso wenig lernen sie, was sie zum privaten Erfolg in der Familie und in der Partnerschaft beitragen können.

Jeder Mensch kann sich dieses Wissen aneignen. Der bewusste Umgang mit der Sprache erweist sich dabei als der goldene Schlüssel zu einem nachhaltig wertschätzenden Umgang miteinander. Dann können Missverständnisse, viele unnötige Ärgernisse und spitze Bemerkungen ebenso der Vergangenheit angehören wie unerfüllte Erwartungen und unausgesprochene Wünsche. Auf diese Weise entsteht ein Klima von Wertschätzung und Vertrauen, voller Lebensfreude und Leichtigkeit.

Mit diesem Buch wende ich mich ebenso an junge Paare wie auch an solche, die schon viele Jahre zusammen sind. Ich wünsche ihnen, dass ihre Partnerschaft noch beglückender und noch schöner wird. Ich habe dabei Paare im Blick, die Kinder haben, und auch solche ohne Kinder.

Ebenso wende ich mich mit diesem Buch an Menschen, die im Augenblick keine Partnerschaft haben, sich jedoch einen Partner oder eine Partnerin wünschen. Auch sie werden von den Anregungen profitieren. Viele Anregungen für eine erfüllte Partnerschaft lassen sich auch schon im Voraus üben.

Ich habe in dieses Buch zahlreiche Beispiele eingefügt, die ich mit meinen Seminarteilnehmern und im Rahmen meiner Beratungen erlebt habe. Sie lassen die Wirkung einzelner Empfehlungen lebendig werden. Die Namen und die äußeren Umstände habe ich aus Gründen der Vertraulichkeit geändert.

Etliche Anregungen für den Alltag laden Sie ein, das Gelesene aufzugreifen und umzusetzen. Ich habe sie jeweils mit »Tipp für den Alltag« überschrieben. Wählen Sie aus, welche Anregung Sie anspricht. Probieren Sie sie für eine Weile aus und entdecken Sie deren Wirkung. Danach werden Sie für sich entscheiden, ob Sie sie beibehalten wollen oder nicht.

Sie werden erleben, dass neue Formulierungen ein neues Denken mit sich bringen und dass sich in der Folge völlig neue Möglichkeiten auftun. Ich wünsche Ihnen dabei viel Freude und auch viel Humor!

Im gesamten Text achte ich nach Möglichkeit darauf, Frauen und Männer gleichermaßen anzusprechen. Die deutsche Sprache hat einen großen Reichtum an grammatikalischen Formen. Je nach männlichem oder weiblichem Geschlecht haben wir unterschiedliche Artikel, Pronomina und Endungen. Würde ich immer beide Formen berücksichtigen, würde dies den Text schwer lesbar machen. Ich habe mich dafür entschieden, manchmal vom Partner und andere Male von der Partnerin zu sprechen, um Ihnen damit ein leichtes, flüssiges Lesen zu ermöglichen.

1. Die Bedeutung der Sprache in der Partnerschaft

Sprache ist etwas Wunderbares. Sie ist gleichsam die Brücke zwischen Menschen. Sie ermöglicht es uns, miteinander in Kontakt zu kommen und einander kennenzulernen.

Wir können jemanden ansprechen, wir können ihm Fragen stellen oder einander etwas erzählen. Wir können einem anderen Menschen etwas mitteilen – und so etwas mit ihm teilen. Ja, wir können noch viel mehr machen mit Sprache: Wir können miteinander Spaß haben und lustige Pläne schmieden oder auch ernsthafte Themen erörtern. Und das ist nur eine kleine Auswahl von all dem, was wir mit Sprache machen können.

Was hinsichtlich der Sprache allgemein für den Kontakt zwischen Menschen gilt, gilt erst recht für den Kontakt zwischen zwei Menschen, die einander finden und dann zusammenbleiben wollen.

In der Sprache liegt eine große Kraft. Sprache ist viel mehr als das, was sie vordergründig zu sein scheint. Es ist gerade die Sprache, die es einem Paar ermöglicht, miteinander einen guten Weg zu beschreiten und glücklich zu bleiben.

Sprache kann aufbauen und Kraft schenken. Sie kann regelrecht die Seele streicheln und beiden Partnern ein Gefühl der Geborgenheit geben. So kann ein Klima entstehen, in dem beide Partner sich wohlfühlen.

Es kommt ganz entscheidend darauf an, wie die beiden miteinander sprechen. Dabei spielen die Wortwahl, der Satzbau und die Satzmelodie eine herausragende Rolle. Es macht einen Unterschied, ob Sie hören: »Wann müssen wir losfahren?« oder ob Sie das Gleiche hören ohne das vielen Menschen so vertraute »Müssen«: »Wann fahren wir los?« Sie werden unterschiedlich reagieren, und es wird eine andere Grundstimmung entstehen.

Erstaunlicherweise haben Menschen kein natürliches Bewusstsein für diese Ebene der Sprache. Hier gibt es viel zu entdecken. Jeder und jede kann die Sprache neu entdecken und damit beginnen, diese ihr innewohnende wohltuende, ordnende Kraft für sich in Anspruch zu nehmen und sie achtsam zu nutzen.

Die beiden Partner haben vielfältige Möglichkeiten. Im Laufe eines Tages oder einer Woche reden sie viel miteinander: Sie tauschen Informationen aus, sie organisieren ihren Alltag, sie helfen einander, sie wünschen sich einen guten Tag oder eine gute Nacht. Sie plaudern miteinander, sagen einander nette Dinge oder tragen auch einmal eine Meinungsverschiedenheit aus. Was auch immer sie austauschen, die Sprache ist stets dabei. Sei es, dass sie einander etwas sagen oder schreiben, und sei es, dass sie »nur« etwas denken.

Jeder Gedanke hat eine Wirkung, egal ob die Partner sie aussprechen oder für sich behalten. Dabei spielen zum einen die Inhalte der Gedanken und Gespräche eine Rolle und zum anderen der Satzbau und die Wortwahl. Die Sprache eines Paares wirkt auf die Partnerschaft und auf jeden Partner selbst.

Hierin liegt eine großartige Chance.

Scheinbar banale Informationen austauschen

Es gibt vielerlei Organisatorisches, was ein Paar miteinander zu besprechen hat. Der Alltag ist voll von Aufgaben. Es ist gut und wichtig, diese Dinge klar und eindeutig miteinander zu besprechen und zu regeln. Dann weiß jeder, woran er ist und was er zu tun hat. Und er weiß auch, was der andere machen wird und seinerseits vom Partner erwartet. Dann ist alles klar. Das erleichtert das Zusammenleben.

Je klarer und einfacher die Kommunikation ist, desto leichter gelingt der Alltag. Das spart auf wunderbare Weise Zeit, die dann für anderes da ist. Gleichzeitig ist es gut für die Stimmung, wenn zwei Menschen sich leicht aufeinander abstimmen können. Dann stimmt es, und alle fühlen sich wohl.

Manche Paare verlieren beispielsweise viel Zeit damit, anstehende oder wiederkehrende Aufgaben am Haus und im Garten immer wieder neu zu besprechen. Wenn die Aufgaben und Vorhaben klar sind, dann brauchen die Partner sie nicht immer wieder und wieder zu besprechen. Vielmehr können sie schrittweise nach vorne gehen und sich gleichzeitig an dem freuen, was sie bereits erreicht haben.

Gerade im Austausch der alltäglichen Informationen gibt es viele völlig unnötige Irritationen. Sie sind meist die Folge eines Bedienungsfehlers im Umgang mit der Sprache. Oft sind es kleine Wörter, die Ärger auslösen. Das Vertrackte daran ist, dass der Sprecher sie nicht bewusst wahrnimmt und auch der Gesprächspartner nicht. Dennoch haben sie eine Wirkung. Dies gilt beispielsweise für das Wörtchen »aber«.

Stellen Sie sich vor, ein Mann sagt seiner Frau: »Morgen Abend treffe ich mich mit zwei Kollegen. Wir wollen etwas besprechen.« Wie unterschiedlich klingen doch diese beiden Antworten seiner Frau einmal mit und einmal ohne »aber«: »Wir haben für morgen Abend Theaterkarten!« Oder: »Wir haben aber für morgen Theaterkarten!« Das »Aber« hat einen entscheidenden Einfluss darauf, wie das Gespräch weiter verlaufen wird. Sätze mit »aber« laden schnell Ärger ein. Dieser lässt sich meistens leicht vermeiden.

Eine klare, wertschätzende Sprache erleichtert die alltäglichen Abläufe erheblich. Sie macht das Zusammenleben leicht. So weiß jeder, woran er ist und was er zu tun hat. Und er weiß auch, was der andere machen wird oder gerne machen würde. So können sich beide aufeinander einstellen und miteinander eine gute Lösung finden.

Gute Gespräche führen

Es ist allemal wichtig, dass die beiden Partner wirklich miteinander reden und wirklich hinhören, was der Partner oder die Partnerin sagt. Ich wünsche allen Paaren, dass sie sich Zeit gönnen, miteinander von dem zu sprechen, was sie bewegt und was ihnen wichtig ist. Ich wünsche ihnen, dass sie sich von ihren Zielen und Wünschen erzählen und von ihren Träumen. Ich wünsche ihnen, dass sie sich miteinander dafür einsetzen, ihre Träume Wirklichkeit werden zu lassen.

Alles, wovon ein Paar spricht, hat die Tendenz, Wirklichkeit zu werden. In jedem Wort liegt eine große Kraft: Jedes Wort wirkt. Und wenn sogar zwei Menschen und nicht nur einer für sich von etwas spricht und an etwas denkt, dann steigert sich diese Kraft. Sie potenziert sich.

Es ist wichtig, dies zu wissen. Das wird sich auf die Auswahl der Themen auswirken, von denen die beiden Partner sprechen. Je mehr sie von schönen, erstrebenswerten Dingen sprechen, desto leichter werden sie sie erreichen. Wichtig ist dabei, dass sie beim Sprechen lebendige Bilder entstehen lassen. Auch hier hilft ihnen eine klare Sprache.

Es ist überaus nachteilig, immer wieder von belastenden Dingen und von Problemen zu sprechen und sich mit dem kontinuierlich Schweren das Leben schwer zu machen. Wer oft von Problemen spricht, der lädt immerfort neue Probleme in sein Leben ein. Natürlich ist es wichtig, miteinander schwierige Situationen ehrlich anzusprechen und dabei nach Lösungen zu schauen.

Doch wenn Menschen immer wieder von Problemen sprechen, ohne dass dies einer Lösung dient, schaden sie sich damit. Sie baden dann schier in einem schweren Thema und machen sich selbst das Leben schwer: Sie be-schweren sich.

Ich wünsche jedem Paar, dass es sich selbst reichlich Zeit für Gespräche schenkt, für Gespräche, bei denen beide ein ehrliches Interesse am anderen haben. Das Wort »Interesse« leitet sich vom Lateinischen ab und bedeutet »dabei sein«. Wenn wir Interesse an unserem Partner haben, dann wollen wir »dabei sein«. Dann wollen wir mitbekommen, was den Partner bewegt, und wir wollen ihn an unseren eigenen Dingen teilhaben lassen.

Jung Verliebte sprechen viel miteinander. Sie reden und erzählen, und sie lachen und freuen sich an ihrem Leben. Sie sagen sich viele schöne Dinge und entwickeln eine große Phantasie, wie sie dem anderen mit Kleinigkeiten eine Freude bereiten können. Sie genießen den Augen-Blick und machen dies ganz wörtlich: Sie blicken dem anderen oft in die Augen und erleben mit ihm wundervolle Augenblicke. Sie unternehmen so viel wie möglich miteinander und sind mit ihrer ganzen Aufmerksamkeit und Zuneigung füreinander da, wenn sie zusammen sind.

Fast jeder Mensch hat solche Augenblicke und Zeiten der Verliebtheit erlebt. Manches von dieser Lebendigkeit und von diesem Feuer können wir uns auch später im Laufe der Partnerschaft wieder holen. Auch hier hilft der bewusste Umgang mit der Sprache.

Vor lauter Alltag bleibt mit der Zeit oftmals das Gespräch auf der Strecke. Das zeigt sich bereits bei ganz banalen Situationen. Oftmals verkürzt sich ein Dialog auf ein kurzes Brummen und als Antwort ein weiteres Brummen.

Stellen Sie sich ein Paar in der Küche vor. Die Küche ist bekanntlich der Ort in der Wohnung oder im Haus, an dem am meisten Kommunikation stattfindet. Hier finden sich alle Familienmitglieder ein. Es ist gut möglich, dass die Frau den Mann fragt, ob er ein Stückchen Kuchen haben will, und dass der Dialog dabei so klingt:»Hmmm??« Darauf folgt die Antwort: »Hmmm!!« Diese Geräusche gehen beim Fragenden mit einer fragenden Mimik einher und beim Antwortenden mit einer zustimmenden Mimik.

Die beiden Partner werden sich verstehen. Es ist klar, dass der Befragte den Kuchen gern annimmt. Doch ist der Dialog mehr als minimalistisch.

Wenn es nur manchmal zu einem solchen Brumm-Dialog kommt, dann ist ja alles in Ordnung. Doch kann sich leicht ein solcher Gesprächsstil einstellen, ohne dass die beiden Partner dem Aufmerksamkeit schenken. Das hat dann gravierende Auswirkungen. Sie belasten mehr und mehr das Klima. Ein solcher Prozess ist schleichend.

In der Folge werden die beiden Partner auch sonst immer weniger miteinander reden. Sie werden immer weniger Gespräche führen. Wo bleiben da die Träume und all die schönen, beglückenden Dinge, die sie miteinander erleben wollen? Werden sie sie noch austauschen?

Ein junges Paar käme nie ernsthaft auf die Idee, einen solchen Brumm-Dialog zu führen. Und wenn sie es machen würden, dann nur aus Spaß. Sie würden dabei lachen und sich über sich selbst lustig machen. Vielleicht würden sie aus Jux liebevoll jemanden nachahmen, der so brummt.

Ich wünsche jedem Paar, dass es von Anfang an die Chance einer klaren, wertschätzenden Sprache erkennt und für sich ergreift. Und ich wünsche ihm, dass es eine solche Sprache bewusst pflegt und über die Jahre aufrechterhält.

Einengende Denkmuster erkennen und wandeln

Wir haben bis hierher gesehen, dass die Sprache in einer Partnerschaft beim Klären und Besprechen alltäglicher Abläufe eine wichtige Rolle spielt. Eine weitere wichtige Funktion der Sprache ist das gemeinsame Gespräch der beiden Partner. Hier geht es vor allem um die Themen, von denen ein Paar oft spricht, und darum, wie viel Zeit sich ein Paar überhaupt für solche Gespräche gönnt.

Daneben gibt es noch einen dritten Bereich, der mit dem Blick auf das Thema Partnerschaft von grundlegender Bedeutung ist. Es geht um die Denkmuster und Wertvorstellungen, die ein Paar mit seiner Sprache unbewusst aufrechterhält. Soweit die Denkstrukturen dem Paar guttun, ist dies erfreulich. Dann mögen die beiden Partner ihre Sprache auch weiterhin so behalten.

Doch weit häufiger stehen sie sich mit ihrer Sprache im Wege. Hier liegt die Ursache für viele völlig überflüssige Missverständnisse und Ärgernisse. Sie sind vielfach nur das Ergebnis eines Bedienungsfehlers im Umgang mit der Sprache. Sie sind mit einigem Üben leicht zu beheben.

Betrachten wir die Umstände, unter denen Menschen ihre Sprache lernen. Wir alle sind mit der Sprache unserer Eltern und Großeltern und unseres weiteren sozialen Umfeldes groß geworden. Mit deren Sprache haben wir auch deren Lebenseinstellung und Wertevorstellungen übernommen. Sie finden ihre Entsprechung im Wortschatz und auch im Satzbau. Mit der gewohnten Ausdrucksweise halten Menschen oftmals einengende Denkmuster und damit auch Verhaltensmuster aufrecht. Das geschieht auf einer unbewussten Ebene.

Es gibt vier Denkmuster, mit denen Menschen sich selbst und damit letztlich auch anderen im Wege stehen. Das ist zum Ersten das Denken und Sprechen in der Kategorie von

Fremdbestimmt-Sein. Wer so denkt, fühlt sich den Umständen ausgeliefert und fühlt sich abhängig davon, welche Chancen andere ihm geben. Dazu gehört beispielsweise der häufige Gebrauch von »müssen«. Das Gegenteil davon ist das Denken in der Kategorie von Eigenverantwortung und dem Erkennen eigener Möglichkeiten.

Das zweite einengende Denkmuster ist das Denken und Sprechen in der falschen Richtung. Zum Beispiel sagt jemand: »Ich will nicht zu spät kommen.« Wer so denkt, weiß primär, was er nicht haben oder erleben will. Die Sprache eines solchen Menschen ist geprägt von Verneinungen. Durch dieses Denken lenkt er seine Aufmerksamkeit in die gegensätzliche Richtung und wird folglich dort ankommen, wo er eben nicht hin wollte. Das Gegenteil dazu ist das zielorientierte Denken.

Das dritte einengende Denkmuster ist das problemorientierte Denken und Sprechen. Menschen mit einer solchen inneren Grundhaltung zeigen sich darin, dass sie überall primär ein Problem sehen, selbst wenn keines da ist. Sie benutzen gern das Wort »Problem«, auch wenn alles gerade ganz einfach ist. Dann sagen sie: »Das ist kein Problem!« Das Gegenteil dieser Haltung ist eine lösungsorientierte Sichtweise. Damit werden Lösungen leicht.

Als viertes und letztes einengendes Denkmuster gibt es das tangentiale Denken. Es benennt alles nur tangential. »Tangential« leitet sich ab von der Tangente aus der Geometrie. Es ist die Linie, die einen Kreis berührt. Sie trifft ihn nicht im Kern. Wir können diese Denkstruktur auch salopp Wischiwaschi-Denken nennen. Wer so denkt, gebraucht viele Füllwörter und Formulierungen mit »könnte«, »sollte« und »müsste«. Mit einer Wischiwaschi-Sprache legen Menschen sich nicht fest. Sie sagen nicht klar, was sie haben oder erleben wollen. Sie halten sich alles offen. Sie verwässern damit alle ihre Bemühungen. Das Gegenteil davon ist eine klare Sprache.

Der Satzbau hat eine starke Wirkung auf die Qualität des Zusammenlebens eines Paares. Der bewusste Umgang mit der Sprache hilft einem Paar dabei, innerlich frei zu werden und neue Gedanken und Verhaltensweisen zu entwickeln. Bereits geringfügige Änderungen der gewohnten Ausdrucksweise eröffnen neue Blickwinkel und ermöglichen neue Handlungsweisen. Auf einmal wird es möglich, Ziele zu erreichen, die vorher unerreichbar schienen.

Eine klare und wertschätzende Sprache will bewusst gepflegt und entwickelt werden. Es ist ideal, wenn beide Partner auf ihre Sprache achten. Doch genügt es auch, wenn nur einer damit beginnt. Bereits das hat eine wohltuende Wirkung auf die gemeinsame Partnerschaft. Ich habe oft beobachtet, dass der eine Partner mit der Zeit den Sprachgebrauch des anderen spontan übernimmt.

Eine solche Sprache wirkt sich immer vorteilhaft aus, auf den Sprecher selbst und auf die Art, wie die beiden Partner miteinander umgehen. Genau darum geht es beim Lingva Eterna Sprach- und Kommunikationskonzept.

2. Was ist Lingva Eterna?

Das Lingva Eterna Sprach- und Kommunikationskonzept befasst sich mit der differenzierten Wirkung der Sprache. Es macht deutlich, wie sich unsere eigene Sprache auf die Kommunikation und auf unser Denken und Handeln auswirkt – und damit auf die Entwicklung der eigenen Persönlichkeit. Es lenkt den Blick auf die Struktur der Sprache. Dazu gehören der Wortschatz, der Satzbau und damit einhergehend die Satzmelodie und auch die Sprechgeschwindigkeit.

Zwei weitere wichtige Aspekte von Lingva Eterna sind das Entsprechungsprinzip sowie eine zutiefst wohlwollende Grundhaltung. Nur auf dieser Basis entfaltet das Wissen zum Wortschatz und zum Satzbau seine volle Wirkung. Um was es dabei im Einzelnen geht und wie wir eine solche Grundhaltung des Wohlwollens stärken, davon wird im Folgenden die Rede, oder noch genauer: die Schreibe sein.

Ich beginne mit der Struktur der Sprache.

Die Struktur der Sprache spricht eine eigene Botschaft. Der Gesprächspartner nimmt sie unbewusst auf, und er reagiert ebenso unbewusst darauf. Jedes Wort hat eine Wirkung. Dabei ist es völlig gleichgültig, ob der Sprechende weiß, dass er es gebraucht hat oder nicht. Selbst wenn er etwas anderes gemeint hat, als er gesagt hat, wirkt jedes Wort dennoch.

Nur aus Gewohnheit »schnell«
Ich zeige dies an einem Beispiel. Dafür wähle ich das kurze Wort »schnell«. Das Wort »schnell« besagt, dass jemand sich schnell bewegt, dass er schnell über die Straße läuft oder eine

schnelle Passage auf dem Klavier spielt. Da ist es wichtig, dass er sie auch schnell spielt. Im Alltag gebrauchen viele Menschen das Wort »schnell« jedoch einfach nur gewohnheitsmäßig. Sie machen alles schnell. Zumindest bringen sie dieses Wort vielfach ein: »Ich schau schnell nach.« »Ich mach schnell etwas zu Ende.« Oder: »Ich koche uns schnell etwas.«

Dabei dauert das Kochen eine gewisse Weile. Die Kartoffeln werden davon nicht schneller weich, dass derjenige sie schnell kocht. Das Wort hat eine andere Bedeutung: Es steht für eine Zeitangabe. Darüber hinaus hat es eine Wirkung auf den Sprechenden und auch auf den Angesprochenen. Beim Sprechenden steigt das Sprechtempo. Beim Angesprochenen kommt möglicherweise das Signal an, dass der andere unter Druck steht oder vielleicht gar nicht gerne kocht.

Sobald jemand das Wort »schnell« aus seinem Satz herausnimmt, ändert er spontan oft mehr als nur dieses eine Wort. Dann sagt er oftmals das, was er damit wirklich meint. Ich zeige Ihnen dies am Beispiel mit dem Kochen. Vergleichen Sie bitte den ursprünglichen Satz mit dem gewandelten Satz. Lesen Sie beide Sätze bitte laut, und machen Sie es jeweils zweimal. Dann werden Sie die Wirkung auf das Sprechtempo spüren: »Ich koche uns schnell etwas.« – »Ich koche uns schnell etwas.« Und neu: »Ich koche uns ein einfaches Mittagessen. Ich brauche dafür eine halbe Stunde.« – »Ich koche uns ein einfaches Mittagessen. Ich brauche dafür eine halbe Stunde.«

In einigen wenigen Situationen des Lebens ist es wichtig, wirklich schnell zu sein und es auch so zu sagen. Doch verpufft die Wirkung eines Wortes, wenn Menschen es übermäßig gebrauchen. Außerdem setzen sie sich selbst und ihre Umgebung permanent unter Druck. Dieser Dauerdruck führt leicht zu Ärger und Missstimmungen, auch in der Partnerschaft.

Dieses Beispiel öffnet die Augen für die mögliche nachteilige Wirkung eines einzelnen Wortes. Noch viel stärker als die Wirkung einzelner Wörter ist die Wirkung der Grammatik. Grammatik ist etwas Wunderbares! Könnten Schüler in der Schule lernen, dass sie mit Grammatik ihr Leben gestalten können, hätten sie ein großes Interesse daran und würden immer wieder fragen, wann sie wieder eine Grammatikstunde haben.

Aktiv oder passiv – was ist Ihnen lieber?
Eines von zahlreichen Beispielen ist der Umgang mit passiven und mit aktiven Sätzen. Ein Beispiel für einen Passivsatz ist: »Das Mittagessen ist gekocht.« Derjenige, der das Mittagessen gekocht hat, kommt in diesem Satz nicht vor. In einem Aktivsatz ergänze ich den Fleißigen: »Martin hat das Mittagessen gekocht.« Martin wird sich freuen, dass seine Partnerin ihn sieht und benennt. Jetzt kann sie ihm auch ein Dankeschön sagen. Vorher ging es nur um das Mittagessen. Tätigkeiten in Haus und Garten strotzen nur so von Passiv: Der Tisch ist gedeckt (worden), der Rasen ist gemäht (worden), die Hemden sind gebügelt (worden). All dies ist das sogenannte Zustandspassiv.

Wer bewusst auf Aktivsätze achtet und sie mehr und mehr in seine aktive Sprache aufnimmt, der wird damit viele wertvolle Erfahrungen machen. Allem voran wird er immer mehr einen Blick dafür entwickeln, wer welche Handlungen ausführt. Das gilt für die Handlungen des Partners ebenso wie für die eigenen. In der Folge wird er mehr Wertschätzung für den anderen und auch für sich selbst entwickeln.

Menschen, die viel im Passiv sprechen, mögen gute Ideen haben. Sie kommen mit ihnen kaum an. Sie wirken auf der Ebene der Sprachstruktur passiv. Satzstruktur und Inhalte stimmen hier nicht überein.

Menschen wirken dann authentisch und glaubhaft, wenn ihr Wortschatz und ihr Satzbau mit den Inhalten übereinstimmen, die sie dem anderen mitteilen wollen. Das ist im beruflichen Bereich genauso hilfreich wie im privaten.

Die Sprache der Erfolgreichen

Ich habe Mitte der Neunzigerjahre eine aufregende Beobachtung gemacht: Ich habe bemerkt, dass erfolgreiche Menschen eine andere Sprache sprechen als diejenigen, die sich immer viel bemühen, jedoch vergleichsweise wenig erreichen. Mit »erfolgreich« meine ich Menschen, die das in ihrem Leben erreichen, was sie gern erreichen wollen und was sie glücklich macht. Dazu gehört natürlich auch der Erfolg in der Partnerschaft. Denn auch hierfür kann jeder und jede sich aus- und weiterbilden.

Viele Menschen denken bei dem Wort »Erfolg« vor allem an Leistung und berufliche Karriere. Erfolg kann tatsächlich so aussehen. Doch kann er auch anders aussehen. Der Blick auf die Herkunft des Wortes »Erfolg« weist uns einen neuen Weg: »Erfolg« besteht aus der Vorsilbe »er-« und dem Grundwort »folgen«. Erfolg ist so gesehen einfach die Folge einer Ursache. Dabei schwindet jeglicher Leistungsdruck aus dem Wort.

Ich habe bemerkt, dass erfolgreiche Menschen eine andere Sprache sprechen als diejenigen, die häufiger Pech haben und sich im Allgemeinen weit mehr anstrengen und doch vergleichsweise wenig erreichen. Diejenigen, die sich im Leben leichtzutun scheinen, sprechen gern von Erfolgen und gebrauchen dabei dieses Wort auch ganz selbstverständlich.

Bei den anderen kommt das Wort »Erfolg« in ihrer Sprache kaum vor oder wenn, dann hauptsächlich in der Verneinung. Sie sagen beispielsweise, dass sie erfolglos waren. Wenn sie Erfolg hatten, dann sagen sie eher, dass sie Glück hatten oder dass alles gut gegangen ist.

Neben den Unterschieden im Wortschatz gibt es auch Unterschiede im Satzbau. Die Erfolgreichen machen beispielsweise fast immer vollständige Sätze. Auch im Leben kommen sie auf den Punkt. Und nach dem Punkt machen sie eine Pause und erfreuen sich erst einmal an dem Erreichten. Danach wenden sie sich dem nächsten Schritt zu.

Es leuchtete mir ein, dass die Kinder der Erfolgreichen mit der Sprache der Erfolgreichen aufwachsen. So beschloss ich, einen Sprachkurs zu entwickeln, der jedem Menschen offensteht, der sich dafür interessiert. Mein Ziel war, dass jeder Interessierte erfahren und lernen kann, wie er durch einen bewussten Umgang mit seiner Sprache sein Leben selbstbestimmt gestalten kann.

Das Ergebnis meiner Beobachtungen und Erkenntnisse ist das Lingva Eterna Sprach- und Kommunikationskonzept. Auf dem Weg dahin kam mir mein umfassendes sprachwissenschaftliches Studium zugute. Ich habe Englisch, Französisch und Arabisch studiert. Dabei galt mein Augenmerk immer primär der Sprachwissenschaft und der Sprachgeschichte. Mich hat es von klein auf fasziniert, dass Menschen in den unterschiedlichen Kulturkreisen so unterschiedlich sprechen und dass sie sich dazu auch so unterschiedlich bewegen. Was für die einzelnen Kulturkreise gilt, das gilt auch für jeden einzelnen Menschen.

Jedes Wort wirkt

Jeder Mensch hat seinen individuellen Sprachgebrauch und damit auch seinen individuellen Wortschatz. Es liegt an jedem selbst, welche Wörter eher häufig gebraucht und welche nicht. In jedem Wort liegt eine große Kraft. Sie strebt danach, Wirklichkeit zu werden. In dem Wort »Wirklichkeit« ist das

Wort »wirken« enthalten. So schafft sich jeder seine eigene Wirklichkeit.

Glückliche, zufriedene Paare haben einen anderen Wortschatz als solche Paare, die beständig in erster Linie Schwierigkeiten sehen und überall etwas auszusetzen haben. Glück, Erfüllung, Erfolg, Freude und Frieden beginnen ebenso beim Denken und Sprechen wie Unzufriedenheit, Missmut, Pech, Ärger und Streit. Es ist einfach, sich den Wortschatz eines zufriedenen Paares anzulegen und ihn alsdann bewusst zu pflegen. Der innere Blickwinkel wandelt sich damit und geht mehr und mehr in Richtung Ziel statt Vermeidung.

Es bereitet ein zunehmendes Vergnügen, Wörter und deren Wirkung zu entdecken und Glückswörter in die Sprache aufzunehmen. Ebenso bereitet es Freude, bei sich selbst Wörter zu entdecken, die völlig überflüssigen Druck auslösen, wie beispielsweise das so kleine Wörtchen »muss«, und sie in der Folge weit weniger zu gebrauchen. Diese Beobachtungen und Erkenntnisse sind schon der halbe Erfolg! In einem nächsten Schritt ist es einfach, ein belastendes Wort schrittweise durch andere, wohltuende Wörter zu ersetzen.

Auf diese Weise wird die Kommunikation immer leichter. Gleichzeitig wird die innere Stimmung immer ausgeglichener. So wird das Leben immer schöner!

Es liegt an jedem selbst, sich einen wahren Wort-Schatz anzuschaffen. Schauen Sie, welche Wörter Sie in Ihre Sprache aufnehmen wollen, die Ihnen guttun. Und schauen Sie auch, ob Ihnen einzelne Formulierungen schaden. Wenn Sie solche in Ihrem Sprachgebrauch entdecken, dann seien Sie mit ihnen fortan bitte achtsam.

Es ist ein beglückender Gedanke, bewusst wohltuende Wörter wie »friedlich«, »gemütlich«, »lustig«, »wundervoll« in die eigene aktive Sprache aufzunehmen und sie einfach wirken zu lassen. Das bedeutet, sie regelmäßig beim Sprechen und auch beim Schreiben zu benutzen. Sie können sich beispielsweise daran erfreuen, dass Kinder friedlich miteinander spielen, und es auch so sagen.

Sicher erleben Sie wundervolle Augenblicke oder Sie bekommen ein wunderbares Angebot. Nennen Sie dies auch so? Gebrauchen Sie das Wort »Wunder«? Was sagen Sie dafür?

Das Wort »Wunder« hat eine faszinierende Wirkung. Sie ist ebenso einsichtig wie klar: Wer häufig von Wundern spricht, der erlebt sie auch häufiger als der, der dies nicht tut. Wer seine Augen für die täglichen Wunder öffnen und sie in sein Leben einladen will, der tut gut daran, das Wort »Wunder« in der bejahenden Form zu gebrauchen und nicht in der verneinenden. Ein solcher verneinender Gebrauch ist beispielsweise die Äußerung: »Das ist ja kein Wunder!«

Jedes Wort wirkt. Das gilt in jeglicher Richtung. Wir können uns mit unserem Wortschatz auch Schwierigkeiten und Ärger in unser Leben einladen. Wer beispielsweise oft »Stress« sagt, der wird auch viel Stress haben. Und wer oft sagt: »Ich habe mir deswegen den Kopf zerbrochen«, der lädt sich damit Kopfschmerzen in sein Leben ein.

Ich ermuntere Sie, Ihren persönlichen eigenen Wortschatz mit diesem Blickwinkel neu zu entdecken und auch Ihren gemeinsamen Wortschatz als Paar. Welche Wörter gebrauchen Sie oft? Erkennen Sie einen Zusammenhang zwischen dem, was Sie oft sagen, und dem, was Sie erleben? Das gilt für Schönes und Erstrebenswertes ebenso wie für Unangenehmes.

Die Wörter, die ein Mensch gebraucht, entsprechen den Bausteinen seines Lebens. Aus ihnen gestaltet er es. Was immer wir sagen, hat eine Wirkung, und zwar vor allem auf uns selbst. Schon deswegen tut jeder und jede gut daran, bewusst einen friedvollen, wertschätzenden Wortschatz zu entwickeln.

Übung

Es gibt viele schöne Wörter. Sie alle haben eine wunderbare, wohltuende Wirkung. Ich lade Sie ein, bewusst eines in Ihre Sprache aufzunehmen!

Wie ist es beispielsweise mit dem Wort »liebevoll«? Gehört es bereits in Ihren aktiven Wortschatz? Wenn Sie es noch nicht oder nur selten gebrauchen, dann nehmen Sie es bitte für vier Wochen in Ihren Sprachgebrauch auf. Sagen oder schreiben Sie es jeden Tag dreimal, vier Wochen lang. Bauen Sie es jeweils in einen vollständigen Satz ein.

Entdecken Sie, wie Sie dieses Wort gebrauchen können. Sie können Ihrem Partner beispielsweise sagen, dass er ein liebevoller Mann ist und dass er Ihnen guttut. Oder umgekehrt können Sie als Mann Ihrer Partnerin sagen, dass sie so liebevoll ist. Liebe-voll: Lassen Sie sich dieses so kraftvolle Wort einmal auf der Zunge zergehen: voller Liebe!

Beobachten Sie mit kindlicher Neugierde in den nächsten Wochen, was sich in der Folge tun wird. Irgendeine schöne Wirkung wird das Wort bestimmt haben. Lassen Sie sich überraschen!

Eine Wortprobe ist so etwas wie eine Weinprobe

Wörter entfalten erst dann ihre volle Kraft, wenn wir sie beim Sprechen nicht nur denken, sondern auch fühlen und ein inneres Bild dazu haben. Dann sprechen Herz und Verstand die gleiche Sprache. Jeder Mensch kann dies lernen und hierfür ein Bewusstsein entwickeln.

Wir alle haben mit jedem erlebten Wort ganz individuelle Erinnerungen gespeichert. Diese Speicherungen schwingen als unterschwellige Informationen bei der Kommunikation immer mit. Der Sprecher gibt sie mit in das Gespräch, und der Gesprächspartner nimmt sie auf. Beides geschieht auf einer unbewussten Ebene. Dennoch wirken diese Speicherungen und beeinflussen das Gespräch.

Beim normalen Sprechtempo entgeht uns diese Ebene. Mit einer Wortprobe können wir sie uns bewusst machen. In der Folge entwickeln wir ein Gespür dafür, welche Wörter uns guttun und welche nicht.

Beim Essen und Trinken sind wir viel achtsamer mit dem, was wir in den Mund nehmen, als beim Sprechen. Niemand würde einen Wein nachbestellen, der ihm nicht schmeckt. Bei den Wörtern ist es anders. Hier fehlt weitgehend ein Bewusstsein dafür, ob uns ein Wort guttut oder nicht. Doch ist dies wesentlich für unser Glück und für unser Wohlbefinden. Unsere eigene Sprache wirkt vor allen Dingen auf uns selbst und natürlich auf unsere Partnerschaft. Hier gibt es viel zu entdecken.

Ich lade Sie nun zu einer Wortprobe ein. Eine Wortprobe ist so etwas Ähnliches wie eine Weinprobe. Auch Wörter können wir uns auf der Zunge zergehen lassen und sie mit allen Sinnen kosten. Sie werden dabei entdecken, dass jedes einzelne Wort in Ihnen Bilder und Assoziationen aufsteigen lässt. Sie wirken auf die Stimmung und sind körperlich spürbar. Wörter können aufbauen und Kraft schenken. Sie können umgekehrt auch auf die Stimmung drücken und Kraft kosten.

Ich bitte Sie nun, die folgenden Wörter langsam und halblaut zu lesen. Lassen Sie jedes einzelne Wort nachklingen. Gönnen Sie sich dafür bitte Zeit.

Bitte machen Sie es sich erst bequem. Und dann beginnen Sie: »Quelle – Quellwasser – Apfelbaum – Familienfeier – müssen – achtsam – Partnerschaft – Beziehung – lächeln – Dankeschön«.

War ein Wort für Sie dabei, das Ihnen angenehm war? Welches Wort war es? Vielleicht hat es in Ihnen eine körperliche Empfindung ausgelöst. Wenn ja: Wo haben Sie sie wahrgenommen? Und nun kommt die wesentliche Frage: Gehört dieses für Sie angenehme Wort in Ihren aktiven Wortschatz? Wie oft gebrauchen Sie es?

Nun frage ich Sie nach einem weiteren Wort aus dieser Wortprobe: War bei diesen Wörtern ein Wort dabei, das Ihnen unangenehm war? Was hat dieses Wort bei Ihnen ausgelöst? Auch hier heißt die wesentliche Frage: Gehört dieses Wort in Ihren aktiven Wortschatz? Wieso gebrauchen Sie es?

Das Ergebnis ist immer wieder neu erstaunlich: Viele Menschen benutzen regelmäßig Wörter, die ihnen Druck und unangenehme Gefühle machen, weit häufiger als solche, die ihnen angenehm sind.

Die meisten Menschen mögen beispielsweise das Wort »Quelle«. Doch gebrauchen sie es als Wort selten oder fast gar nicht. Dabei könnten sie ganz einfach sagen, dass gemeinsame Spaziergänge oder Theaterbesuche mit ihrem Partner für sie eine Quelle der Freude sind.

Anders ist es mit dem Wort »müssen«. Bei diesem Wort empfinden die meisten Menschen Druck. Sie empfinden es als unangenehm und belastend. Dennoch gebrauchen sie es täglich viele Male. Mit dem gewohnheitsmäßigen Gebrauch von »müssen« machen sie sich selber und auch den Menschen in ihrer Umgebung Druck, allen voran ihrem Partner. Dabei wissen die chronischen »müssen«-Sager nicht, dass und wie oft sie »müssen« sagen. Sie sind damit groß geworden. Und so erscheint es ihnen als völlig normaler Sprachgebrauch. Dennoch wirkt der Druck. Irgendwann wird der Dauerdruck einem von beiden zu viel, und dann gibt es Ärger. Dann heißt es oft genug: »Stress mich nicht immer so!«

Den Wortschatz erweitern

Die deutsche Sprache ist die Orgel der Sprachen. Sie ist enorm reich an Wortschatz. Das ist das Werk unserer Vorfahren. Allein im Zeitraum von 1780 bis 1830 haben unsere großen Dichter und Philosophen den Wortschatz um einhundert Prozent erweitert. Dieser große, so fein differenzierte Wortschatz ist ein wahrer Schatz. Es ist unser aller Aufgabe, ihn zu erhalten und zu pflegen.

Der passive Wortschatz ist bei den meisten Menschen groß. Das sind die Wörter, die sie kennen, jedoch nicht gebrauchen. Doch ist der aktive, tatsächlich genutzte Wortschatz oft vergleichsweise bescheiden. Das hat nachteilige Folgen. Ein oberflächlicher Wortschatz begünstigt Oberflächlichkeit. Umgekehrt fördert ein differenzierter Wortschatz die Entwicklung der Persönlichkeit. Ein reicher Wortschatz findet seine Entsprechung in einem differenzierten Denken und einem reichen Gefühlsleben. Je genauer jemand etwas benennen kann, desto genauer wird er in der Folge hinschauen und beobachten.

In dem Bestreben nach einem differenzierten Wortschatz befassen wir uns bei Lingva Eterna intensiv mit dem Wortschatz. Dabei meinen wir einen Wortschatz, der ein echter Wort-Schatz ist. Dazu gehört eine wertschätzende und friedvolle Ausdrucksweise. Sie ist geprägt von friedvollen und wertschätzenden Wörtern wie beispielsweise »friedlich«, »wertschätzend«, »wohlwollend« und »besonnen«. Sie bezeichnen erstrebenswerte Qualitäten. Wir halten es für wichtig, einen entsprechenden Wortschatz aufzubauen und zu erweitern.

Daneben machen wir in unseren Seminaren und Coachings den oft unbewussten aggressiven oder kriegerischen Wortschatz bewusst und bieten sprachliche Alternativen an, die das wirklich Gemeinte benennen. Zum Beispiel hat ein

Außendienstmitarbeiter direkten Kundenkontakt. Er ist damit noch lange nicht »an der Front«. Oder jemand, der ein Telefongespräch vorzeitig beendet, »würgt« seinen Gesprächspartner nicht wirklich ab. Übrigens sind auch spitze Bemerkungen eine Form von Gewalt. Auch sie tun weh.

Die allgemeine Sprache ist oftmals lieblos und grob. Wir haben uns in unserer Gesellschaft an diese kalte Sprache in erschreckender Weise gewöhnt. Gerade in einer Partnerschaft ist es wichtig, ganz bewusst eine friedvolle, wertschätzende Sprache zu entwickeln. Nur dann fühlen die beiden Partner sich wirklich auf einer ganz tiefen Ebene sicher und geborgen. Gleichzeitig leistet ein Paar mit einer bewusst friedvollen, wertschätzenden Sprache einen Beitrag zu einer friedlicheren Welt.

Neben einem friedvollen Wortschatz fördern wir das Bewusstsein für die wörtliche Bedeutung von Formulierungen. Das Wortbild spricht oft eine andere Sprache als der gemeinte Inhalt. Niemand würde sonst ernsthaft zu seinem Partner sagen: »Diese Geschichte wird uns noch einiges Kopfzerbrechen bereiten.« Dieser Satz tut regelrecht weh. Ähnlich schmerzhaft ist die Formulierung: »Ich bin Punkt 12 Uhr bei ihm aufgeschlagen.« Da will jemand sagen, dass er pünktlich um 12 Uhr dort angekommen ist.

Der Familienvater fährt an der Schule vorbei
Es gibt zahlreiche Beispiele, bei denen Inhalt und Form auseinanderklaffen. Was heißt es beispielsweise, wenn der Familienvater zu seiner Frau sagt: »Ich fahre heute Mittag an der Schule vorbei«?

Natürlich geht sie davon aus, dass ihr Mann nicht nur an der Schule vorbeifährt, sondern dass er dort hält und ihren Sohn abholt und mit nach Hause bringt. Vermutlich merkt sie gar nicht, dass ihr Mann das Wesentliche nicht gesagt hat, nämlich dass er den Sohn abholt. Das ist schließlich eine wichtige Information. Die unausgesprochene Aussage des Mannes heißt: »Ich werde heute Mittag zur Schule fahren und Fabian mit nach Hause bringen. Du brauchst ihn also nicht abzuholen!«

Das alles hat seine Frau für sich so übersetzt, und so wissen beide Bescheid – hoffentlich. Bei einer solchen unvollständigen Kommunikation sind Missverständnisse und Fehldeutungen möglich.

Ich gebe Ihnen noch ein Beispiel. Es ist ein ganz üblicher Satz: »Ich gehe heute einkaufen.«

Was haben Sie für ein inneres Bild? Wird Ihre Partnerin beim Laden um die Ecke Lebensmittel kaufen? Oder wird sie in der Stadt Kleidung, Schuhe oder ein Geschenk für die nächste Einladung kaufen? Sie interpretieren den Satz und gehen stillschweigend davon aus, dass Sie mit Ihrer Annahme recht haben. Dementsprechend stellen Sie sich darauf ein, wie lange der andere weg ist.

Wenn eine Information nur unvollständig ist, dann wird der Gesprächspartner sie unbewusst vervollständigen und sich sein eigenes Bild machen. Dies ist eine Quelle für Missverständnisse und Ärger. Eine klare Sprache erleichtert die Kommunikation. Und sie wirkt auf den Sprecher selbst.

Der eindeutige, widerspruchsfreie Gebrauch von Wörtern fördert die innere Klarheit und in der Folge die Ausstrahlung. Die Kongruenz von Inhalt und Form ist ein wirksamer Schlüssel zu Authentizität und Glaubwürdigkeit.

Und noch mehr: Wenn Wörter eindeutige Bilder hervorrufen, dann steigt ihre Wirksamkeit erheblich. Dies gelingt auf dem Weg der eindeutigen Wortbilder.

Übung

Es gibt zahlreiche Formulierungen, die in sich widersprüchlich sind. Ich lade Sie ein, in den nächsten Tagen solche widersprüchlichen Formulierungen zu entdecken und sie anschließend neu zu formulieren.

Dazu gehört möglicherweise die Bitte Ihres Partners: »Fahr heute Abend bitte beim Bäcker vorbei!« Er meint sicherlich, dass Sie beim Bäcker haltmachen und dort Brot einkaufen sollen. Oder er sagt: »Denk bitte ans Mineralwasser!« Er meint bestimmt nicht nur, dass Sie daran denken, sondern vielmehr, dass Sie es mitbringen oder kalt stellen.

Kinder im Kindergartenalter und Erwachsene, die Deutsch als zusätzliche Sprache lernen, haben ein sicheres Gespür dafür, ob Wortbilder und Aussagen zusammenpassen. An ihrem zweifelnden Blick können wir manchmal erkennen, dass eine Formulierung in sich nicht stimmig ist. Aus dem gleichen Grund hat ein Schulkind eine Anweisung missverstanden. Es bekam den Auftrag, nach der Milch zu schauen und zu sehen, ob sie überläuft. Als die Mutter aus dem Keller wiederkam, sagte die Tochter ganz stolz: »Mama, die Milch ist genau um 12 Uhr 14 übergelaufen!«

Während Sie sich daranmachen, solche widersprüchlichen Formulierungen zu entdecken, wird Ihr Empfinden für stimmige Formulierungen wachsen und auf wundersame Weise auch Ihr Empfinden für stimmige Lösungen jeglicher Art.

Die Kraft der einfachen Wörter nutzen

Der große Reichtum der deutschen Sprache erklärt sich aus der Art, wie wir ausgehend von einem Grundwort weitere Wörter ableiten können. Dafür steht uns eine große Zahl von

Vor- und Nachsilben zur Verfügung. Des Weiteren können wir vielerlei Zusammensetzungen mit anderen Wörtern bilden.

Menschen verlieren beim Gebrauch der Sprache die einzelnen Bestandteile und deren Bedeutung leicht aus dem Blick. Wer denkt bei dem Wort »Beobachtungsgabe« schon daran, dass es sich vom Verb »achten« ableitet? Die beiden Vorsilben »be-« und »ob-« sowie die Nachsilbe »-ung« sind die Bestandteile des ersten Wortes. Daran fügt sich das Wort »Gabe« an.

Vor lauter Vor- und Nachsilben verlieren Wörter manchmal ihre Kraft. Sie wissen natürlich, was beispielsweise eine Beobachtungsgabe ist und was das Wort bedeutet. Das verstehen Sie. Doch werden Sie bei diesem Wort kaum ein klares, lebendiges Bild haben. Wörter verlieren vor allen Dingen dann ihre ursprüngliche Kraft, wenn wir ihre einzelnen Bestandteile gar nicht mehr bewusst wahrnehmen. So ist es auch bei dem Wort »Beobachtungsgabe«.

Aus diesem Grund betrachten wir bei einem Wort seine einzelnen Bestandteile. So machen wir uns seine ursprüngliche Bedeutung bewusst. Manchmal hilft es, aus einem Wort mit mehreren Vor- und Nachsilben einen oder sogar zwei Sätze zu bilden.

Dann werden aus dem Wort »Beobachtungsgabe« die beiden Sätze: »Egon achtet auf Einzelheiten. Er hat die Gabe, genau zu beobachten.« Jetzt entsteht beim Gesprächspartner auf einmal ein lebendiges Bild.

Das Ziel dieser Übung ist es, den Wortschatz bewusst zu machen und seine Kraft und Wirkung durch Bilder zu steigern. Wir haben noch ein weiteres Ziel. Oftmals erleben wir, dass ein zusammengesetztes Wort gar nicht das benennt, was jemand wirklich meint. Dann gilt es, ein anderes Wort dafür zu finden.

So ist es beispielsweise mit dem Wort »Vorschlag«. Es setzt sich zusammen aus der Vorsilbe »vor-« und dem Grundwort

»Schlag«. Was hat ein Vorschlag mit einem Schlag zu tun? Die Formulierung »Vorschlag« ist genau genommen falsch. In Wahrheit handelt es sich im Allgemeinen um eine Anregung oder um ein Angebot. Diese Diskrepanz von Inhalt und Form ist der Grund dafür, warum mancher gut gemeinte Vorschlag auf taube Ohren stößt. So ist das eben mit einem Schlag.

Es gibt viele Formulierungen, die den Hörer auf die falsche Spur lenken. Das gibt es überall. Im Krankenhaus kann es Ihnen passieren, dass die Stationsleiterin im Brustton der Überzeugung sagt: »Wir haben Ihren Onkel verlegt!« Ja, werden Sie denken – wo ist er denn? Hat sie ihn wirklich verlegt und weiß sie nicht mehr, wo er jetzt ist? Ob ihr das wohl oft passiert? In Wirklichkeit meint die Stationsleiterin: »Ihr Onkel war bis gestern hier. Jetzt ist er auf der Station 14.«

Wir lenken bei Lingva Eterna die Aufmerksamkeit auf den Wortschatz und achten auf die Bilder, die beim Sprecher und auch beim Gesprächspartner entstehen. Unser Ziel ist eine hundertprozentige Kongruenz von Inhalt und Form. Wenn ein Wort oder eine Formulierung eine andere Botschaft transportiert als die, die der Sprecher meint, dann finden wir eine geeignete sprachliche Alternative.

Auf diese Weise leiten wir Menschen an, ihren aktiven Wortschatz zu erweitern. Gleichzeitig lernen sie, noch genauer hinzuhören und noch präziser das zu benennen, was sie wirklich meinen.

Wir wissen, dass der Wortschatz eines Menschen in einer Wechselwirkung zu seinen Lebensthemen steht. Der individuelle Wortschatz eines Menschen zeigt etwas von den Themen, die einen Menschen bewegen, und gleichzeitig wirken sie auf sein Leben und bringen genau die Themen hervor, von denen derjenige oft spricht. So war es auch bei Martin.

Martins Lieblingswort war »verhältnismäßig«

Martin hatte ein Lieblingswort: Er sagte bei jeder passenden und unpassende Gelegenheit »verhältnismäßig«. Er gebrauchte dieses Wort oft, und seine Frau auch. Es gehörte zu ihren Lieblingswörtern: Ein Produkt ist verhältnismäßig billig, ihm geht es verhältnismäßig gut, seine Frau ist verhältnismäßig schlank. Ursprünglich hatte nur sie das Wort oft gebraucht. Mit der Zeit hat Martin es dann von ihr übernommen. Er mochte das Wort inzwischen auch. Er fand, dass er es fast überall einsetzen konnte.

Nun wollte er wissen, wo dieses Wort herkommt und was es ursprünglich bedeutet.

Ich erklärte ihm: »Das Wort ›verhältnismäßig‹ setzt sich zusammen aus ›Verhältnis‹ und aus ›mäßig‹. Wenn wir diese beiden Teile neu zusammenstellen, dann wird daraus ›gemessen an dem Verhältnis‹. Das Wort ›Verhältnis‹ leitet sich ab von dem Verb ›halten‹. Dazu kommen die Vorsilbe ›ver-‹ und die Nachsilbe ›-nis‹. Das Wort ›mäßig‹ wiederum setzt sich zusammen aus dem Substantiv ›Maß‹ und der Nachsilbe ›-ig‹. So haben wir bei ›verhältnismäßig‹ eine Zusammensetzung aus den beiden Grundwörtern ›halten‹ und ›maß‹ mit insgesamt drei Vor- und Nachsilben.«

Nach einer kurzen Pause fragte ich ihn: »Martin, du hast vorhin als ein Beispiel genannt: ›Meine Frau ist verhältnismäßig schlank.‹ Hast du ein inneres Bild, wenn du das Wort ›verhältnismäßig‹ sagst?«

Martin stutze und sagte dann: »Nein, überhaupt nicht. Ich meine weder ›halten‹ noch ›messen‹. Ich meine gar nichts davon. Ich kann das Wort auch weglassen. Ich kann einfach sagen: ›Meine Frau ist schlank.‹« Dann hielt er noch einmal inne und sagte: »Ich will mit dem ›verhältnismäßig‹ aber schon etwas ausdrücken. Unsere Tochter ist jetzt ein halbes Jahr alt. Und dafür, dass Claudia schwanger war, ist sie jetzt wieder recht schlank.« Martin probierte noch einiges aus. Schließlich fand er für sich diese Lösung: »Also, meine Frau hat eine richtig gute Figur! Dabei bleibe ich! Das werde ich ihr auch genau so sagen. Da wird sie sich sicher freuen!«

Ich fragte ihn: »Du sagst: ›Meine Frau hat eine richtig gute Figur!‹ Hast du jetzt ein Bild?«

Martin lachte: »Na klar! Ich werde sehen, wie viele von meinen ›verhältnismäßig‹ ich weglassen kann. Ich lasse sie am besten hier!«

Martin war neugierig, was seine Frau machen würde, wenn er das Wort »verhältnismäßig« eine Zeit lang weniger sagen würde. Schließlich hatte er es ja ursprünglich von ihr übernommen. Ob sie es dann auch weniger sagen würde?

Vordergründig geht es dabei um das Übersetzen des komplizierten und wenig greifbaren Wortes »verhältnismäßig« in eine einfache, griffige Aussage. Auf einer tieferen Ebene geht es in erster Linie um Martins eigene Entwicklung. Er gewinnt auf diesem Weg an Präsenz und Klarheit. Dies wird ihm guttun und letztlich auch seiner Frau.

Übung

Haben Sie den Kartensatz »Die Kraft der Sprache, 80 Karten für den täglichen Sprachbedarf«?

Wenn ja, dann wählen Sie aus diesem Kartensatz eine beliebige Karte und bringen Sie sie an einer für Sie gut sichtbaren Stelle an. Das können Sie mit einem Kartenhalter machen oder auch mit einem Wollfaden und einer Büroklammer.

Sie können die Karte an Ihrem Arbeitsplatz anbringen oder auch an Ihrem Kühlschrank oder in der Nähe des Telefons. Die Hauptsache ist, dass Sie immer wieder einmal darauf schauen, ohne groß nachdenken zu müssen. Lassen

Sie die Karte eine oder zwei Wochen hängen, und dann wechseln Sie sie wieder aus.

Jede dieser Karten ist eine in sich runde Information. Auf der Vorderseite steht eine übliche Formulierung und darunter eine mögliche Alternative. Auf der Rückseite finden Sie eine Erklärung zu dem Wort, um das es dabei geht.

Ich nenne Ihnen ein Beispiel aus dem Kartensatz:

Vorderseite: »Ich schreibe noch schnell den Satz zu Ende.« Als Alternative steht auf der Vorderseite darunter: »Ich schreibe den Satz zu Ende.« Auf der Rückseite steht: »Der gewohnheitsmäßige Gebrauch von ›schnell‹ erzeugt Hektik und Fehler. Sei besonnen, dann strahlst du Ruhe aus.«

Ein geordneter Satzbau ist ein wahres Wundermittel

Der bewusste Umgang mit Wörtern hat eine starke und wohltuende Wirkung. Noch weit wirksamer ist der bewusste Umgang mit dem Satzbau. Durch die Art, wie Menschen ihre Sätze bauen, gestalten sie in erheblichem Maß ihr Leben. So wie die Wörter den Bausteinen des Lebens entsprechen, so entspricht der Satzbau dem Bauplan des Lebens. Die gute Nachricht dabei ist, dass jeder Mensch den Bauplan seines Lebens bewusst aufrechterhalten oder bei Bedarf auch jederzeit umgestalten kann.

Das Üben von geordneten Sätzen hat einen großen Vorteil gegenüber dem bewussten Beachten einzelner Wörter: Sie können den Satzbau immer im Blick haben und so viel üben und anwenden, wie Sie Freude haben. Es wäre dagegen abwegig, in jeden Satz ein bestimmtes für Sie schönes Wort einzubauen, nur weil Sie sich für eine Weile genau dieses eine Wort vorgenommen haben, beispielsweise das Wort »gelingen«. Das wäre übertrieben und ganz daneben.

Dagegen ist es möglich, in jedem Satz einen bestimmten Aspekt des Satzbaus zu beachten. Sie können beispielsweise darauf achten, ob Ihre Sätze vollständig sind. Dabei werden Sie vermutlich erkennen, dass sie es oftmals nicht sind.

Ein geordneter, klarer Satzbau erleichtert jegliche Kommunikation. Der Partner kann die Information leicht aufnehmen. Er braucht nicht zu rätseln, was seine Partnerin wohl meint. Er kann sich leicht merken, was sie ihm erzählt hat. Er fühlt sich damit im wahrsten Sinne des Wortes angesprochen. So hat er Interesse, noch mehr von ihr zu hören, und schenkt ihr gern seine volle Aufmerksamkeit. Dies gilt für Männer und Frauen gleichermaßen.

Kurze, vollständige Sätze mit einer widerspruchsfreien Grammatik sind eine wahre Wohltat. Für den Angesprochenen ist es leicht, dem Sprecher gedanklich zu folgen. Er kann die Information gut aufnehmen und gut behalten. Eine solche Sprache erleichtert den Alltag erheblich. Missverständnisse und umfangreiches Nachfragen können damit der Vergangenheit angehören.

Das ist die eine Seite. Es gibt noch eine zweite schöne Seite: Das ist die wohltuende Wirkung solcher klaren Sätze auf den Sprecher selbst: Er wirkt damit klar, glaubwürdig und kompetent. In der Folge wird sein Umfeld ihn entsprechend behandeln. Dies wirkt sich wiederum vorteilhaft auf sein Selbstbild aus.

Ein geordneter Satzbau erleichtert nicht nur die Kommunikation ganz erheblich. Er kann weit mehr als dies. Vor allem hat er eine zutiefst ordnende Wirkung auf das Denken und Handeln. Ein geordneter Satzbau bringt auch im Leben immer etwas in die rechte Ordnung. Es ist vor allem eine

Frage der Selbsterziehung, geordnete Sätze zu sprechen und auch zu denken.

Wenn Menschen von Themen sprechen, die ihnen Freude machen und die für sie einfach sind, haben sie einen hinreichend geordneten Satzbau. Sobald sie von Themen sprechen, die sie belasten, purzelt der Satzbau völlig durcheinander. Auf einmal scheinen sie keinen geordneten Satz mehr herauszubekommen. Dies hat etwas miteinander zu tun.

Wir beginnen darum immer bei leichten, harmlosen Situationen und bitten unsere Seminarteilnehmer, ihren Satzbau hier zu entdecken und zu üben. Da ist es leicht, und jeder Mensch hat eine gute Möglichkeit, seine Sätze zu ordnen. Hier kann dies jedem gelingen. Glücklicherweise färbt das Üben von geordneten Sätzen in einfachen Situationen auch immer auf alle anderen Themen und Lebensbereiche ab. In der Folge ordnet sich so manche schwierige Lebenssituation wie von allein. Das ist ermutigend.

Sie werden in den folgenden Kapiteln immer wieder Beispiele und Anregungen für einen geordneten Satzbau finden. An dieser Stelle belasse ich es bei dem Hinweis auf die große Bedeutung einer solchen Sprache.

Ein verworrener Satzbau macht das Leben kompliziert
Die meisten Menschen sind es gewöhnt, kompliziert zu denken. Dies zeigt sich auch in ihrem Satzbau. Sie bilden lange, verschachtelte Sätze und neigen dazu, immer wieder einen weiteren Gedanken dazwischenzuschieben oder mit einem Nebensatz anzuhängen. Damit machen sie es dem Gesprächspartner schwer, ihnen zu folgen und alles aufzunehmen, was sie sagen.

Dabei sind die Sätze oft in sich nicht schlüssig. Der Sprecher verliert vielfach selbst den roten Faden und bricht seinen Satz ab. Dann beginnt er mitten im Gedanken seinen

Satz neu und redet weiter. Selbst die willigste und geduldigste Partnerin steigt nach ein paar Sätzen aus und nach einer kurzen Verschnaufpause wieder ein. In der Zwischenzeit sortiert sie, so gut es geht, was ihr Partner gemeint hat, und versucht, sich ein Bild zu machen.

Wir Menschen haben alle ein tiefes Bedürfnis nach klaren, vollständigen Informationen. Wenn wir sie nicht bekommen, dann vervollständigen und ordnen wir sie so gut, als dies uns möglich ist. Dieses Sortieren geschieht auf einer unbewussten Ebene. Es kostet den Gesprächspartner unnötig Kraft und ist auf Dauer außerordentlich anstrengend.

Es ist die Aufgabe des Sprechers, seine Gedanken so zu sortieren, dass die Partnerin ihm folgen kann. So ist es eine Frage der Wertschätzung für die Partnerin, sie mit klaren und vollständigen Sätzen anzusprechen. Ebenso ist es eine Frage der Achtung vor sich selbst.

Wer einen verworrenen Satzbau hat, wirkt konfus und auch inkompetent. Er wird oft erleben, dass andere ihn nicht ernst nehmen und ärgerlich oder ungeduldig reagieren. Die anderen behandeln ihn in der Folge entsprechend. Das wirkt wieder zurück auf das Selbstbild des Sprechers. Ein solcher ungeordneter Sprachgebrauch und damit auch ein solches Denken belastet eine Partnerschaft. Und es belastet nicht nur die Partnerschaft.

Auf den Beruf übertragen bedeutet ein solcher Sprachgebrauch, dass so manch ein Mensch aufgrund seiner Sprache weit hinter seinen Möglichkeiten zurückbleibt. Er trägt auf diese Weise selbst dazu bei, dass Führungskräfte ihn falsch einschätzen. Gleichzeitig machen seine abgebrochenen Sätze auch etwas mit ihm. Sie hindern ihn daran, in seinem Leben etwas rund und vollständig zu machen.

Es gibt viele Arten von abgebrochenen Sätzen. Nehmen wir als Beispiel ein kurzes Gespräch eines Ehepaars. Bettina hatte einen freien Tag und erzählte abends ihrem Mann Bernd von ihrem Einkaufsbummel mit ihrer Freundin Sonja: »Ich war heute Vormittag, du weißt, dass Sonja zurzeit zu Besuch bei ihren Eltern ist. Also ich war heute mit ihr in der Stadt. Und dann haben wir gemeinsam nach neuen Vorhängen für unser Wohnzimmer geschaut, weil unsere Vorhänge ja nicht mehr schön sind, davon haben wir ja schon gesprochen, dass wir die einmal austauschen wollen, und dann haben wir noch einen Kaffee getrunken. Das war richtig schön heute.«

Dieser Satzbau ist ein einziges Durcheinander. Die Informationen purzeln wirr durcheinander. So ist es Bernd kaum möglich, alles aufzunehmen. Vermutlich empfindet er seine Frau in diesem Augenblick als anstrengend und weiß sich kaum zu helfen. Vielleicht seufzt er dann hörbar. Dabei würde er gern hinhören, wenn der Satzbau – und damit auch seine Frau – klar wäre.

Dann hätte auch Bettina sich gefreut, denn sie hätte sich von ihrem Mann besser verstanden gefühlt. Dabei war die Ursache dafür einzig ein Fehler auf der Ebene des Satzbaus. Mit kurzen, klaren Sätzen wäre alles einfach gewesen, sowohl für Bettina als auch für ihren Mann Bernd.

Dem eigenen Ich Raum geben

Eine andere Form von Fehlern auf der Ebene des Satzbaus sind unvollständige Sätze. Ein Fehler sagt, dass etwas fehlt. Bei unvollständigen Sätzen fehlt etwas Wesentliches. Das gilt beispielsweise für alle Sätze, bei denen das »Ich« am Satzanfang fehlt. Sie kommen häufig vor: »Gehe zum Einkaufen!« oder »Häng grad die Wäsche auf«. Wer so spricht, macht sich damit klein. Die Handlung wirkt damit unwichtig und nebensächlich. Es gibt keinerlei Anlass, derjenigen Person dafür zu danken, dass sie den Einkauf erledigt oder die Wäsche aufhängt.

Es klingt ganz anders, wenn Sie hören: »Ich gehe zum Einkaufen!« oder »Ich hänge gerade die Wäsche auf!«.

Durch das Einfügen des »Ich« ändert sich oftmals der gesamte Satz und damit die gesamte Aussage. Es ist gut möglich, dass der Satz mit der Wäsche auf einmal heißt: »Ich hänge noch die Wäsche auf. Dafür brauche ich fünf Minuten. Dann bin ich für dich da.«

Wir finden solche Ich-losen Sätze an vielen Orten, in Familien und auch in Ämtern. Es macht einen Unterschied, ob Sie an der Tür lesen: »Bin gleich wieder da.« Oder: »Ich bin gleich wieder da.« Als Bürger im Rathaus ärgern Sie sich bei der ersten Variante, während Sie bei der zweiten Variante eher die Tendenz haben, geduldig zu warten. Diese Wirkung gilt auch daheim mit dem Partner oder der Partnerin, sowohl mündlich als auch schriftlich mit den vielen kleinen Zettelchen, die Partner einander als Information an die Tür oder an den Spiegel kleben. Das Gleiche gilt natürlich auch für SMS- und WhatsApp-Mitteilungen.

Es ist immer wieder faszinierend, welch starke emotionale Reaktionen der Satzbau auslösen kann. Ärgerliche Reaktionen sind oft die Folge eines in sich unschlüssigen Satzbaus.

Übung

Mit dieser Übung lenke ich Ihre Aufmerksamkeit auf vollständige, kurze Sätze. Werden Sie wach für die vielen Sätze ohne »ich« am Satzanfang. Manche Menschen glauben, dass sie damit Zeit sparen würden. Doch die wenigen Millisekunden, die sie damit einsparen, kosten kaum Zeit.

Auf der anderen Seite steht ein großer Gewinn. Wer vollständige Sätze macht und dem »Ich« an der richtigen Stelle Raum gibt, gewinnt damit an Selbstbewusstsein. Menschen, die das »Ich« am Satzanfang oft weglassen, kommen nicht einmal in ihrer eigenen Sprache vor. Sie laufen Gefahr, eigene Bedürfnisse zu übersehen, und laden andere ein, sie ebenso zu übersehen.

Klarheit gewinnen mit den drei Satzarten

Es gibt drei Satzarten: die Aussagesätze, die Fragesätze und die Aufforderungssätze. Ich gebe Ihnen jeweils ein Beispiel.

Der Satz »Julia bereitet das Essen vor.« ist ein Aussagesatz. Er endet mit einem Punkt. Der Satz »Bereitet Julia das Essen vor?« ist ein Fragesatz. Er endet mit einem Fragezeichen. Nun bleibt noch die dritte Satzart, der Aufforderungssatz: »Julia, bereite bitte das Essen vor!« Aufforderungssätze enden mit einem Ausrufezeichen.

So weit klingt alles klar und selbstverständlich. In der Realität gibt es hier ein großes Durcheinander. Hier gibt es viel zu entdecken. Es ist beispielsweise üblich, einen Mix von Frage und Aufforderung zu machen. Meist sind die Fragen keine ehrlichen Fragen. Die Satzmelodie macht die Aufforderung deutlich. Dann klingt ein Satz so: »Können Sie bitte das Fenster öffnen?!!«

Unglücklicherweise glauben viele Menschen, dass es höflich sei, einen solchen Mix zu produzieren. Wer seine Mitmenschen ehrlich achtet und wirklich wertschätzend mit ihnen umgeht, der braucht sich nicht hinter falsch gebrauchter Grammatik zu verstecken.

Klarheit und Freundlichkeit passen wunderbar zusammen. Es ist einfach gut zu wissen, wie das geht.

Eine andere Form von Mix ist der Aussagesatz mit einem Ausrufezeichen dahinter: »Du stellst jetzt den Computer aus!« Oder an Kinder gewandt: »Du gehst jetzt ins Bett!« Dieser Mix hat immer einen latent oder offen aggressiven Unterton. Er wirkt sich nachteilig auf die Kommunikation aus. Die

Folge davon ist, dass so mancher angestrebte Erfolg auf der Strecke bleibt oder mit einem völlig überflüssigen Ärger einhergeht.

Fehler auf der Satzbauebene wirken sich immer nachteilig auf die Kommunikation aus. Doch ist das gar nicht das Wesentliche. Die Hauptsache ist bei Lingva Eterna die Frage: Wie klar und präzise ist jemand in seinem Denken?

Ein klares Differenzieren der einzelnen Satzarten bringt viel Klarheit in das eigene Denken und damit auch in das eigene Handeln. Je klarer Menschen im Gebrauch ihrer Satzarten sind, desto klarer und wirksamer werden sie. Auf diese Weise eröffnen sich auf erstaunlichem Weg parallel zu einem neuen Denken und Sprechen auch im Leben neue Möglichkeiten. Ich wünsche Ihnen dabei viele schöne Erfahrungen!

Aus den drei Satzarten greife ich im Folgenden die Aussagesätze heraus.

So kommen Sie auf den Punkt

Menschen benutzen Aussagesätze, wann immer sie einander etwas berichten oder erzählen. Beim Schreiben haben wir am Satzende einen Punkt. Beim Sprechen zeichnet sich ein Aussagesatz durch seine Satzmelodie aus: Der Sprecher beschreibt mit seiner Satzmelodie einen Bogen. Er beginnt seinen Satz, hebt dann seine Stimme bis zur Satzmitte an und senkt sie am Satzende wieder auf die gleiche Höhe ab, auf der er den Satz begonnen hat. Dem folgt eine kurze Pause. Erst danach fügt er den nächsten Satz an. Diese kurzen Pausen geben den Sätzen eine angenehm schwingende Satzmelodie.

Im Alltag gebrauchen nur wenige Menschen diese eindeutige Satzmelodie. Stattdessen gehen sie am Satzende mit der Stimme nach oben, so als ob sie eine Frage stellen würden. Damit stellen sie das infrage, was sie gerade gesagt haben. Sie reden gleich weiter und bleiben am Satzende immer wieder mit der Stimme oben hängen. Sie senken erst dann die Stimme ab, wenn sie keine Luft mehr haben. Dann atmen sie wieder, und das Ganze beginnt von vorne.

In der Folge kann ihr Gesprächspartner sich das kaum merken, was sie gesagt haben. Er kann erst dann eine Information speichern, wenn sie vollständig ist. Das geschieht in dem Augenblick, in dem der Sprecher bei einem Aussagesatz die Stimme am Ende absenkt und eine minimale Pause macht. Wir erkennen das Speichern oft daran, dass der Angesprochene in diesem Moment nickt.

Wenn Sie erzählen und erzählen und Ihre Partnerin niemals nickt, dann halten Sie am besten inne. Frage Sie sie, bis wohin sie Ihnen folgen konnte. Vermutlich haben Sie einen Bedienungsfehler im Umgang mit der Satzmelodie gemacht und haben daher nicht mehr ihre volle Aufmerksamkeit.

Das Absenken der Stimme am Satzende und die anschließende winzige Pause sind für viele Menschen eine große Herausforderung. Sie sind es nicht gewöhnt, nach einem Satz innezuhalten und immer wieder neu sicherzustellen, dass sie ihren Gesprächspartner auch tatsächlich erreichen. Doch ist dies ein wichtiger Schlüssel für eine gelungene Kommunikation. Sie wollen ja schließlich, dass Ihre Information bei Ihrem Gesprächspartner ankommt. In diesen minimalen Pausen kann Ihr Gesprächspartner das speichern, was Sie gerade gesagt haben.

Die Pausen zwischen den Sätzen haben eine große Bedeutung. Sie sind Zeiten, in denen das vorher Gesagte seine Wirkung entfalten kann. Es ist klug, die Wirkung der Pausen zu nutzen und sie bewusst einzuhalten. Pausen sind keine nutzlosen Löcher!

Das ist der eine Effekt der Pausen zwischen den Sätzen. Es gibt noch einen zweiten Aspekt: Es gibt eine Wechselwirkung zwischen den Pausen beim Sprechen und dem Lebenstempo. Wer beim Sprechen keine Pausen macht, der gönnt sich auch sonst im Leben kaum Pausen. Das hat etwas miteinander zu tun. Wer pausenlos durchs Leben hastet, kann seine Lebensumstände oft nicht gleich ändern. Jedoch kann er immer damit beginnen, auf der Ebene des Satzbaus Pausen zwischen den Sätzen zu machen.

Es gibt ein probates Hilfsmittel, um diese Satzmelodie zu üben: Stellen Sie sich bildlich vor, was Sie gerade sagen. Bleiben Sie mit Ihrer inneren Aufmerksamkeit auch noch in der kurzen Pause nach dem Satz bei diesem Bild. Dann kann Ihr Gesprächspartner Ihre Botschaft gut aufnehmen – und Sie senken mit einer großen Wahrscheinlichkeit die Stimme am Satzende. Auch wenn Ihnen die Bogensätze nicht gleich gelingen sollten – bleiben Sie dran und üben Sie weiter.

Die Kunst der Bogensätze werden Sie noch viel brauchen können, beruflich und privat. Sie sind immer hilfreich, wenn Sie etwas erzählen, berichten oder auch klarstellen wollen. Bogensätze bringen Klarheit, sie machen das Leben leicht und sind in hohem Maße streitvermeidend. Vor allem von Männern höre ich es immer wieder, dass sie es ihren Frauen danken, wenn sie auf den Punkt kommen.

Wer mit dem Üben der Bogensätze beginnt, wird schon bald ihre beruhigende und zentrierende Wirkung spüren. Damit übt er gleichzeitig kurze, vollständige Sätze und das Absenken der Stimme am Satzende. Dies wirkt sich auf die Kommunikation aus und auch auf die Entwicklung der eigenen Persönlichkeit: Je klarer sich ein Mensch auf der Ebene des Satzbaus wird, desto mehr wird ihm auch in anderen Bereichen seines Lebens klar werden. So wird er sich seiner selbst mehr und mehr bewusst. Damit öffnet er sich selbst die Türen für sein Glück.

Eine klare, geordnete Sprache setzt auf eine wunderbare

Weise Kräfte frei. Alles gelingt leichter, und das Schönste daran ist: Es macht Spaß, sie zu üben.

Es genügt, wenn einer der beiden Partner damit beginnt. Schon damit kommt für beide etwas in Bewegung. Noch schöner ist es, wenn zwei Menschen sich miteinander darauf einlassen, ihre Sprache neu zu entdecken. Sie bringen damit ihre Welt auf wunderbare Weise in Bewegung.

Es ist ratsam, die Bogensätze in einfachen Situationen zu üben. Sie brauchen einige Übung, bis diese Satzmelodie Ihnen in Fleisch und Blut übergegangen ist.

Bogensätze gehören übrigens ganz klar zur Sprache der Erfolgreichen. Sie haben gelernt zu ernten. Sie halten inne und sammeln ihre Früchte selber. Es ist für sie etwas ganz Selbstverständliches. Für die meisten Menschen sind die Bogensätze jedoch neu. Ihnen hilft es zu Beginn, die vorletzte Silbe des Satzes zu betonen: »Ich bin Robert.« Mit der Betonung auf dem Ro- von Robert. So geht die Stimme am Satzende nach unten.

Klaus und Anja

Klaus übte schon eine ganze Weile Bogensätze. Nun hat auch seine Frau damit begonnen. Er erzählte uns davon: »Meine Frau wendet seit einiger Zeit die Bogensätze an. Anja wirkt jetzt viel sicherer. Sie eiert nicht mehr so herum. Sie weiß viel mehr, was sie will, und auch, was sie nicht will. Sie kann jetzt auch viel leichter eine Entscheidung treffen als früher. Es ist damit viel entspannter geworden.«

Ich fragte Klaus: »Wie geht es Ihnen selbst mit Ihren Bogensätzen?« Er lachte: »Ich bin auch am Üben. Wir machen uns beide darauf aufmerksam, wenn wir mit der Stimme wieder hinten hoch gehen. Mir helfen die Bogensätze vor allem im Beruf. Ich habe viel mit Kunden zu tun. Da komme ich jetzt kompetenter an.«

Übung

Üben Sie die Bogensätze. Sagen Sie dafür das, was Sie gerade sehen oder machen, laut. Achten Sie darauf, dass Sie auch mit Ihrer inneren Aufmerksamkeit ganz beim Augenblick bleiben. Das ist das, wohin Ihr Auge gerade blickt. Horchen Sie jedem Satz nach, lassen Sie ihn in sich nachklingen.

Die Übung eignet sich gut für den Weg zur Arbeit oder auch für die Hausarbeit. Es genügt, wenn Sie sie zweimal täglich für zehn Minuten machen.

»Ich fahre auf der Hauptstraße. Ich setze den Blinker nach rechts. Ich bremse. Ich biege nach rechts.« Bleiben Sie mit Ihrer Aufmerksamkeit ganz bei dem, was Sie gerade sehen. Achten Sie bitte darauf, dass Sie am Satzende die Stimme absenken. Machen Sie nach jedem Satz einen hörbaren Punkt.

Statt des Weges zur Arbeit bietet sich auch die Bügelwäsche daheim an. Beim Bügeln klingt das dann so: »Ich bügle gerade eine Hose. – Ich bügle das rechte Hosenbein. – Ich bügle das rechte Hosenbein. – Ich bügle das rechte Hosenbein.« Das sagen Sie so lange, bis Sie das rechte Hosenbein fertig gebügelt haben. Danach kommt das linke Hosenbein dran.

Wenn Sie Freude haben, weiter zu üben, dann dürfen Sie auch gern länger als zehn Minuten üben. Die zweimal zehn Minuten können Sie als Ihre selbst gewählte Pflicht betrachten. Alles Weitere ist die Kür. Achten Sie bitte darauf, dass sich die Satzmelodie an jedem Satzende absenkt.

Das Entsprechungsprinzip weist den Weg

Bei Lingva Eterna betrachten wir die Wirkung der eigenen Sprache auf die Kommunikation und auf die Entwicklung der eigenen Persönlichkeit. Eine geordnete Sprache hat eine ordnende Wirkung. Sie ordnet nicht nur einen gesprochenen oder geschrieben Text. Sie bringt auch im Leben etwas in die rechte Ordnung.

Die Art, wie ein Mensch spricht, zeigt etwas von seinem Leben und von seinen Lebensthemen. Ebenso gestaltet ein Mensch sein Leben immerfort neu, indem er so spricht, wie er spricht. Dabei gibt es ganz konkrete Entsprechungen von individueller Sprache und Wirklichkeit sowohl bei beglückenden als auch bei belastenden Themen. Diese Entsprechung befindet sich auf der Ebene der Sprachstruktur. Dazu gehören der Wortschatz, der Satzbau und die Laute, aus denen die Wörter bestehen.

Jeder Mensch kann mit seinem Satzbau und seinem Wortschatz selbst mitbestimmen, was er erlebt. Dabei kann und darf er so sprechen, wie er es will. Es ist natürlich wichtig, dass er um die Kraft der Sprache weiß und dass er weiß, wie er spricht und was er damit bewirkt. Sonst fühlt er sich möglicherweise dem Leben und den sogenannten Umständen ausgeliefert.

Der aktive und bewusste Umgang mit der Struktur der Sprache macht es jedem einzelnen Menschen und auch jedem Paar leicht, das Leben voller Freude und Verantwortung zu gestalten. Das Entsprechungsprinzip hilft dabei.

Angenommen, Sie wollen in Ihrem Leben mehr Freude erleben, dann tun Sie gut daran, einen entsprechenden Wortschatz zu entwickeln. Dazu gehören beispielsweise die Wörter »Freude«, »lachen« und »fröhlich«. Wenn jemand diese Wörter gar nicht benutzt, dann erlebt er vermutlich wenig davon. Das kann er leicht ändern. Durch das Wandeln des Wortschatzes wandelt er seine mentalen Strukturen und damit auch seine innere Einstellung zum Leben und folglich auch seine Wirklichkeit.

Das gilt für alle möglichen Themen. Wenn ein Paar in Sachen Finanzen Spielraum bekommen will, dann sollte es Wörter wie »nötig«, »notfalls«, »benötigen« und andere vom Wort »Not« abgeleitete Wörter hinter sich lassen. Mit dem gewohnheitsmäßigen Gebrauch des Wortes »Not« laden Menschen immer wieder neue Not in ihr Leben ein. Stattdessen sollte es andere Wörter in seinen Wortschatz aufnehmen, die dem entsprechen, was es erleben will. Jeder Mensch kann durch die Auswahl seiner Wörter sein Leben in die gewünschte Richtung lenken.

Was wollen Sie gern mehr erleben? Lachen, baden, tanzen, Theaterbesuch, Einladungen – was immer Sie sich wünschen, beginnen Sie, diese Wörter in Ihre aktive Sprache aufzunehmen und sie immer wieder zu gebrauchen. Sie werden erleben, dass Sie genau mit diesem Thema mehr zu tun haben werden! Es liegt an Ihnen, welche Wörter Sie gebrauchen. Jedes Wort wirkt.

Die Entsprechungen gibt es sowohl auf der Ebene des Wortschatzes als auch auf der Ebene des Satzbaus und der Grammatik. So lässt beispielsweise eine markante Anzahl unvollständiger, abgebrochener Sätze Brüche im Leben eines Menschen ahnen. Das gilt natürlich nicht, wenn jemand hier und da einen Satz abbricht. Erst der häufige Gebrauch einzelner sprachlicher Elemente spricht dafür, dass ein bestimmtes Thema vorliegt.

Hier eröffnet sich ein weites Feld der Möglichkeiten. Auf diese Weise kann ein Paar Erfreuliches bestärken und weitere schöne Dinge in sein Leben einladen. Ebenso kann es belastende Themen schrittweise hinter sich lassen, indem die beiden Partner gezielt etwas an ihrem Wortschatz oder Satzbau wandeln und die entsprechenden Sprachmuster ausmustern.

Beim Anwenden des Entsprechungsprinzips ist es nicht erforderlich, immerfort an die schwierigen Themen zu denken und sie zu bearbeiten. Im Gegenteil ist es wesentlich schlauer, an das zu denken, was jemand erreichen will. Bekanntlich folgt die Energie der Aufmerksamkeit. Wir bekommen immer das, wohin wir unsere Aufmerksamkeit lenken. Das Entsprechungsprinzip macht es leicht, mental das belastende Thema loszulassen und dafür die Gedanken auf das Erstrebenswerte zu lenken.

Die Sprache eines Menschen zeigt, was in ihm ist. Sie ist immer ehrlich. Wann immer er seinen Mund aufmacht, zeigt er auch etwas von sich. Seine Lebensthemen und auch seine Grundwerte kommen in seiner Sprache zum Ausdruck. Er kann nur etwas aus-drücken, was in ihm ist.

Auf der Ebene der Sprachstruktur können Menschen sich nicht verstecken, auch nicht vor sich selber. Darum ist es möglich, ihnen auf dieser Ebene ein wirksames Mittel an die Hand zu geben, mit dessen Hilfe sie sich und ihre Sprache weiterentwickeln können. Immer dann, wenn jemand auf markante Weise ein bestimmtes Wort oder einen Aspekt des Satzbaus benutzt, hat dies etwas zu sagen. Wenn er dies will, dann machen wir ihn im Rahmen eines Seminars oder einer Beratung auf seinen Sprachgebrauch aufmerksam und stellen ihm dazu Fragen. So war es auch bei Monika.

Monika

Monika kam zu uns in ein Seminar. Sie war Anfang dreißig und lebte allein. Sie wollte etwas für ihre berufliche Entwicklung tun. Sie hatte gerade eine neue Stelle angenommen und wollte sich hier klar positionieren. Deswegen sei sie gekommen, so sagte sie. Letztlich ging es in Wirklichkeit um ein Partnerschaftsthema. Das hatte sie jedoch nicht gesagt.

Wir haben Monika eine Übung angeboten, und sie nahm diese Übung gerne an. Dabei ging es darum, dass sie etwas erzählt, was sie zurzeit bewegt und was ihr Freude macht. Wir wollten vor allem hören, wie sie uns dies erzählt. Wir achteten auf ihre Wortwahl und auf ihren Satzbau. Dazu gehört auch die Satzmelodie. Ich kündigte Monika an, dass ich sie nach ein paar Minuten unterbrechen und ihr dann eine Rückmeldung anbieten würde: »Bitte sehen Sie dies nicht als einen Mangel an Höflichkeit. Mir ist es ein Anliegen, dass Sie und auch die anderen Teilnehmerinnen und Teilnehmer ein Empfinden dafür entwickeln, wie Sie Ihre Sätze bilden. Ich wünsche mir, dass Sie sich noch daran erinnern können und natürlich ich auch. Wenn wir zu viel von der Geschichte hören würden, dann würden wir uns leicht im Inhalt verlieren.«

Monika erzählte von ihrer neuen Arbeitsstelle. Sie erzählte recht locker und beschrieb lebhaft und auch recht detailliert ihren neuen Aufgabenbereich. Sie hatte spürbar Freude daran, wie sich die Dinge entwickelten. Während ich die Inhalte aufnahm, achtete ich parallel darauf, wie Monika ihre Sätze bildete. Sie blieb mit der Satzmelodie am Satzende fast immer oben. Auffallend waren ihre häufigen Satzbrüche. Selbst bei nur drei Minuten Erzählen hat sie fünf Mal ihren Satz unterbrochen.

Ich stoppte sie und dankte ihr, dass sie sich auf die Übung eingelassen hat. Danach sprach ich sie auf meine Beobachtung an: »Monika, ich habe Ihnen gesagt, dass ich auf Ihren Satzbau achte. Ich habe dabei etwas Wichtiges bemerkt. Erst einmal habe ich eine Frage an Sie: Glauben Sie, dass Sie vollständige Sätze bilden?« »Ja, ähm, nein, ich habe – doch, ich denke schon. Oder war das gerade anders?«

Ich antwortete ihr: »Monika, ich bin sicher, dass Sie es

nicht bemerkt haben. Wir haben alle kein natürliches Bewusstsein für die Struktur der Sprache. Sie haben gleich mehrere Satzbrüche gemacht.« Sie staunte, und ich nannte ihr zwei Beispiele. Dann fragte ich sie: »Haben Sie eine Erklärung dafür?«

Dann schaute sie mich mit großen Augen an: »O ja, dafür habe ich eine Erklärung!« Ihr blieb der Mund offen stehen. »Darum bin ich auch in Wirklichkeit da. Ich habe eine zerbrochene Partnerschaft hinter mir. Und mehr noch: Ich komme aus einer Scheidungsfamilie. Brüche kenne ich.« Sie nickte mehrmals nachdenklich. Sprache ist immer ehrlich und offenbart weit mehr, als es dem Einzelnen bewusst ist.

Solange ein Mensch die gewohnte Sprache aufrechterhält, wird er auch die entsprechenden Lebensthemen aufrechterhalten. Das heißt für Monika: Solange sie weiterhin gehäuft Satzbrüche macht, wird sie nur schwerlich eine stabile Partnerschaft haben können.

Im Sinne des Entsprechungsprinzips gab ich Monika als Erstes den Hinweis auf kurze, vollständige Sätze. Ich wies sie auf die Bogensätze hin und empfahl ihr, sie täglich zweimal für zehn Minuten daheim oder auf dem Weg zur Arbeit zu üben. Ich fügte an: »Die Brüche dürfen jetzt aufhören. Lassen Sie sie hinter sich. Mit vollständigen Sätzen heilt immer etwas, und etwas gutes Neues kann beginnen.«

Monika war froh, einen Schlüssel gefunden zu haben, der für sie umsetzbar war. Sie war auch froh und dankbar, dass sie die alte, belastende Geschichte nicht noch einmal aufrollen musste. Sie konnte etwas tun, um sie heilen zu lassen. Sie strahlte.

Dann fügte ich noch mit einem Lächeln hinzu: »Liebe Monika, ich sage Ihnen ein Geheimnis. Wir haben bei Lingva Eterna eine kurze Formel, die heißt: ›Halbe Sätze, halbes Glück – ganze Sätze, ganzes Glück!‹«

Monika übte in den folgenden Wochen fleißig. Sie begann, die vielen Satzbrüche zu entdecken, die ihre Sprache bis dahin geprägt hatten. Es war für sie anfangs wie ein mentaler Hürdenlauf, als sie die Sprache neu entdeckte und lernte, sie auf eine völlig neue Weise zu gebrauchen. Der geordnete Satzbau hat ihr geholfen, sich weiterzuentwickeln und ihren Frieden mit ihrer Geschichte zu machen. Heute schaut sie selbstbewusst und glücklich nach vorne und ist ganz sicher, dass der richtige Partner sie zur richtigen Zeit finden wird.

Eine wertschätzende Grundhaltung ist der Schlüssel zu Glück und Erfolg

Zu Lingva Eterna gehört der bewusste Umgang mit der Sprachstruktur genauso wie eine zutiefst wertschätzende Grundhaltung. Sie ist die Voraussetzung dafür, dass Menschen mit dem bewussten Umgang mit der Sprache glücklich werden. Wer Schritt für Schritt die Kraft und Wirkungsweise der Sprache entdeckt, der wird auf diese Weise immer wirksamer und erreicht folglich in seinem Leben immer mehr. Das wirkt sich natürlich auch auf die Partnerschaft aus.

Dabei möge er ein ehernes Grundgesetz im Blick haben: Alles, was ein Mensch aussät und bewirkt, wird er letztlich wiederbekommen. Dabei spielt die innere Haltung eine entscheidende Rolle. Wer seinen Mitmenschen wohlgesonnen ist und sie achtet, der wird Gutes ernten. Wer seine Mitmenschen jedoch gering schätzt und ihren Nachteil billigend in Kauf nimmt, der wird Schwieriges und Böses ernten. Es gibt das Sprichwort: »Wie du in den Wald hinein rufst, so schallt es zurück.« Die Bibel geht noch weiter und sagt: »Wer Wind sät, der wird Sturm ernten.«

Deshalb bringen wir die Form und den Inhalt der Sprache

in Einklang. Mehr noch: Wir bringen Herz und Verstand zusammen, indem wir Menschen anleiten, Sprache nicht nur zu denken, sondern auch zu fühlen. Damit werden auf wundersame Weise große Kräfte frei. Die Kraft, in der etwas zu uns wiederkommt, ist daher wesentlich höher als je zuvor. Darum ist es von essenzieller Bedeutung, wirklich und ehrlich auf eine wertschätzende, wohlwollende Grundhaltung zu achten.

Bevor Sie den Kontakt zu einem anderen Menschen aufnehmen, prüfen Sie bitte immer Ihre innere Haltung. Es ist für den Gesprächspartner spürbar, ob er sich willkommen oder abgelehnt fühlt. Er wird es spüren, in welcher Grundhaltung Sie ihm begegnen – sogar wenn Ihnen Ihre Haltung selbst nicht bewusst ist. Wie Ihre Grundhaltung auch immer ist, sie wird zu Ihnen zurückkommen, nicht unbedingt von denselben Menschen. Doch wird sie wieder zu Ihnen kommen. Dessen dürfen Sie ganz gewiss sein. So gestalten Sie immerfort Ihr Leben und Ihre Zukunft.

Sollten Sie Ihren Gesprächspartner nicht – oder: noch nicht – mögen, dann wird sich diese Ihre innere Haltung auf das folgende Gespräch nachteilig auswirken. Damit schaden Sie letztlich nur sich selbst.

Es ist schon einmal viel geholfen, wenn jemand sich seine innere Haltung bewusst macht. Das ist bereits der erste große Schritt in Richtung wertschätzende Grundhaltung. Nur auf dieser Basis hat er die Möglichkeit, bei Bedarf seine innere Haltung zu korrigieren. Als Nächstes kommt die Bereitschaft, den anderen auch in diesem Moment mögen zu wollen – selbst wenn er Sie oder Sie ihn gerade furchtbar geärgert haben. Allein mit dieser Bereitschaft hat er schon viel erreicht. Damit öffnen sich die Tore für das Glück.

Wenn ein Partner bereit ist, den anderen zu mögen und ihm wirklich wohlwollend zu begegnen, dann hat er sein

Wohl ganz ehrlich im Blick. Wer wohlwollend ist, der will das Wohl, und zwar das eigene Wohl und das des anderen.

Jeder kann jederzeit seine Grundeinstellung wandeln und bewusst eine zutiefst wertschätzende innere Haltung entwickeln. Dabei steht das Ego oft im Weg. Dann pochen Menschen darauf, dass sie im Recht sind und dass der andere dies und das auf seinem Kerbholz hat. Doch für diese ärgerliche Haltung kann sich niemand etwas kaufen. Es ist die Frage eines Bruchteils einer Sekunde, sich für eine wohlwollende Grundhaltung zu entscheiden. Bis diese Entscheidung ganz innen im Kopf und im Herzen angekommen ist, dauert es eine Weile. Das ist in Ordnung. Doch kann jeder jederzeit diese innere Weiche neu einstellen. Der bewusste Umgang mit der Sprache macht diese so fundamentale Kurskorrektur leicht.

Auch hier greift das Entsprechungsprinzip. Sie können bewusst eine warme, wertschätzende Sprache entwickeln und pflegen. Auf diese Weise fördern und stärken Sie eine wertschätzende, friedvolle Grundhaltung. Dazu gehört auch ein friedlicher, achtungsvoller Wortschatz.

Eine friedliche Sprache pflegen
Zu einer friedlichen, achtungsvollen Sprache gehören auch Wörter, die genau diese Qualitäten benennen. Das sind beispielsweise die Wörter »Frieden«, »friedlich«, »achtsam«, »jemandem Achtung erweisen«, »wertschätzen«, »wohlwollend« und »Wohlwollen« und viele weitere. Es ist erstaunlich, wie neu dieser Wortschatz für viele Menschen ist. Sie haben die Wörter gehört und kennen sie, doch gehören sie nicht oder kaum in ihren aktiven Wortschatz. Sie haben oftmals gar keine Idee, wie sie sie nutzen können.

Allein diese Erkenntnis ist wichtig. Von da an kann jeder an seiner Sprache etwas ändern. Fangen Sie einfach an! Nehmen Sie immer wieder einmal ein weiteres Wort in Ihre Sprache auf, das Ihnen guttut, zum Beispiel das Wort »achtsam«. Statt zu sagen: »Sei vorsichtig mit der neuen Kamera!«, können Sie sagen: »Sei achtsam mit der neuen Kamera!«

Ein anderes Mal wollen Sie vielleicht das Wort »Wohlwollen« aufnehmen. Entdecken Sie als Erstes in Ihrem Leben, wer alles wohlwollend ist. Sie werden sicher den einen oder anderen finden. Dann können Sie diesem Menschen sagen: »Du bist immer für uns da, wenn wir dich brauchen. Wir spüren dein großes Wohlwollen. Das tut uns gut.«

Auch hier macht die Übung den Meister. Dabei ist es wesentlich, darauf zu achten, diese Wörter in der bejahenden Form zu nutzen und nicht in der verneinenden. Eine solche verneinende Formulierung wäre: »Herr Maier ist wirklich nicht wohlwollend.« Bleiben Sie bewusst bei einem bejahenden Gebrauch von »Wohlwollen«. So halten Sie sich das Wort emotional sauber.

Parallel zum gezielten Aufbau eines friedvollen Wortschatzes machen wir den oft aggressiven und destruktiven Sprachgebrauch bewusst und bieten sprachliche Alternativen an. Da haben Menschen ein Attentat auf den anderen vor oder sagen, dass sie die lästige Tante am Telefon abgewürgt haben. Die Aggression ist oft versteckt, und Menschen denken sich nichts Böses dabei. Menschen machen einander Vorschläge und meinen es dabei auch noch gut. Dennoch bleibt ein Vorschlag ein Schlag. Niemand will einen Schlag bekommen. Da ist ein Angebot wesentlich angenehmer und friedlicher.

Eine wertschätzende, friedliche Sprache ist nicht nur für den privaten Bereich wichtig. Es ist auch in Betrieben von grundlegender Bedeutung, dass die Mitarbeiter sich wohlfühlen. Dazu gehört ganz wesentlich, dass sie sich gesehen und gemocht fühlen. Das wahre Vermögen eines Unternehmens ist nun einmal das Mögen der Mitarbeiter. Davon leitet sich das Wort »Ver-mögen« auch ab.

Die Sprache ist in unserer Gesellschaft vielerorts kalt und lieblos geworden. Niemand hat Lust, sich an der kalten Sprache eines anderen zu erkälten. Jeder kann an seiner Stelle damit beginnen, Aggression und Kälte in der Sprache zu erkennen und einen friedvollen, wertschätzenden Wortschatz aufzubauen.

Das sprachliche Klima eines Unternehmens färbt mit der Zeit auf die Mitarbeiter ab. Es ist leicht möglich, dass sie ihn mit nach Hause nehmen. Der Ton im Betrieb wirkt sich damit letztlich auch privat auf die Partnerschaft aus.

Ich wünsche Ihnen daheim eine warme, wertschätzende Sprache. Finden Sie selber heraus, welche Wörter Ihnen guttun. So entwickeln und pflegen Sie Wort für Wort eine Sprache, mit der Sie sich rundherum wohlfühlen und die zu Ihnen gehört. Diese Sprache werden Sie dann überall dorthin mitnehmen, wo Sie hingehen, auch an Ihren Arbeitsplatz. Und auch dort wird sie eine wohltuende Wirkung haben.

Sie sind es in Ihrem Leben, der die wesentlichen Akzente setzt. Sie tragen mit Ihrer Wortwahl und mit Ihrem Satzbau erheblich dazu bei, was Sie jetzt erleben und was Sie in Zukunft erleben werden. Nutzen Sie diese großartige Möglichkeit!

Übung

Gebrauchen Sie das Wort »friedlich«? Wie oft sagen oder schreiben Sie es in einer Woche?

Wie oft hören oder lesen Sie es bei anderen?

Finden Sie Sätze, in denen das Wort »friedlich« vorkommt.

Sie können beispielsweise sagen: »Die Stimmung ist friedlich«, »Die Kinder spielen friedlich miteinander«, »Die Landschaft ist friedlich« oder »Der Gesichtsausdruck ist friedlich«. Sie werden sicher zahlreiche eigene Anwendungsmöglichkeiten entdecken.

Bauen Sie das Wort »friedlich« für vier Wochen in Ihre Sprache ein. Sagen oder schreiben Sie es jeden Tag zwei- oder dreimal in einem Satz.

Beobachten Sie, was in der Folge geschieht. Wählen Sie nach diesen vier Wochen, ob Sie das Wort weiterhin gebrauchen wollen oder nicht.

3. Partnerschaft – was ist das genau?

Partnerschaft ist nicht gleich Partnerschaft. Es gibt dafür viele Wörter, und sie bedeuten alle etwas anderes. Jedes dieser Wörter ruft ein jeweils eigenes Bild hervor und hat damit auch eine spezifische Wirkung. Diese Wirkung gilt für das Paar selbst und auch für die Sichtweise der anderen auf das Paar. So ist es durchaus von Bedeutung, als was ein Paar sich sieht und benennt.

Wir finden »Partnerschaft«, »Beziehung«, »Lebensgemeinschaft«, »Freundschaft« und »Ehe«. Der Blick auf den sprachlichen Hintergrund dieser Wörter hilft uns weiter. Ich beleuchte diese einzelnen Wörter der Reihe nach.

Als Erstes betrachte ich, wie die »Beteiligten« dieser unterschiedlichen Arten von Partnerschaft heißen. Hier gibt es Interessantes zu entdecken. In einem weiteren Schritt werde ich die verschiedenen Bezeichnungen für die Partnerschaften näher erläutern.

Ich beginne mit der Partnerschaft. Beim Wort »Partnerschaft« ist es einfach. Hier gibt es als direkte Ableitung den »Partner«.

Daneben finden wir noch weitere Möglichkeiten. In einer Partnerschaft können sich die beiden Beteiligten genauso als »Lebensgefährte« oder auch einfach als »meinen Freund« oder »meine Freundin« sehen. Manche sprechen auch von einem »Lebensabschnittsgefährten«. Offensichtlich erlaubt das Wort »Partnerschaft« unterschiedliche Ausprägungen der Partnerschaft und lässt etwas offen.

Bei der Lebensgemeinschaft gibt es kein eigenes Wort für

die Beteiligten. Wir können hier sowohl vom Partner sprechen als auch von den Mitbewohnern. Das kommt auf die Art der Lebensgemeinschaft an.

Als Nächstes betrachte ich das Wort »Beziehung«. Menschen sagen, dass sie eine Beziehung oder eben auch derzeit keine Beziehung haben. Interessanterweise gibt es jedoch zum Wort »Beziehung« kein eigenes Wort für die Beteiligten. Das wäre so etwas wie der Beziehende oder der Bezogene oder auch die Bezugspersonen. Doch bedeutet dies etwas ganz anderes.

Eine Freundschaft ist wieder etwas anderes. Das Wort zur »Freundschaft« ist der Freund. Dabei kann das Wort »Freund« bedeuten, dass jemand ein guter Freund ist. Ebenso kann es bedeuten, dass die beiden Partner sind. Das Wort »Freund« bedarf in einer Partnerschaft oder Beziehung auf Dauer einer Klärung. Nur dann wissen beide sicher, wie sie zueinander stehen.

Bei der Ehe ist die Bezeichnung der beiden Beteiligten wieder einfach: Es gibt das Ehepaar, die Ehefrau und den Ehemann. Die beiden können auch sagen: »Das ist mein Mann.« Und: »Das ist meine Frau.« Damit zeigen sie klar und deutlich, dass sie zueinander gehören und gemeinsam durchs Leben gehen.

Bei dieser ursprünglichen Klarheit in der Bezeichnung macht sich Verwirrung breit. Auch Ehepaare sprechen inzwischen oftmals von ihrem Partner und nicht mehr von ihrem Mann oder von ihrer Frau. Ihnen ist möglicherweise nicht bewusst, welche Kraft in dieser Klarheit liegt.

Welches Wort auch immer ein Paar für die Einzelnen und für sie beide wählt – es hat eine Wirkung. Es wirkt nach außen und vor allem nach innen. Jedes Wort ruft ganz individuelle innere Bilder und Emotionen hervor. Diese Bilder haben Kraft und streben danach, Wirklichkeit zu werden.

Es gibt kein Richtig und auch kein Falsch in den Bezeichnungen. Es ist nur wichtig, dass ein Paar die Bezeichnung für sich wählt, die ihm guttut und mit der sich beide wohlfühlen.

Jeder Mensch hat mit diesen Wörtern seine eigenen Erinnerungen und Bilder gespeichert. Sie haben immer eine Wirkung. Daher ist es hilfreich, sich diese Bilder bewusst zu machen. Dafür lade ich Sie zu einer Wortprobe ein. Sie haben die Wortprobe bereits kennengelernt. Machen Sie es sich bitte bequem.

Nun bitte ich Sie, die folgenden fünf Wörter langsam und halblaut zu lesen. Lassen Sie die Wörter nachklingen. Horchen Sie in sich hinein. Gönnen Sie sich dafür bitte Zeit.

Sagen Sie jedes Wort bitte einmal und nach einer kurzen Pause noch einmal: Partnerschaft – Beziehung – Lebensgemeinschaft – Freundschaft – Ehe.

Wie geht es Ihnen mit diesen fünf Wörtern? Welches entspricht der Qualität von Gemeinschaft, die Sie haben oder die Sie anstreben? Ist eines der Wörter für Sie besonders angenehm? Wie empfinden Sie den Unterschied der Wörter? Und was ist für Sie der Unterschied?

Viele Menschen machen sich keine Gedanken, welches Wort sie für die Gemeinschaft mit ihrem Liebsten oder ihrer Liebsten gebrauchen. Die Hauptsache ist für sie, dass sie sich gut verstehen und miteinander glücklich sind.

Möge es immer so sein und bleiben!

Die Voraussetzung dafür ist eine wertschätzende, klare Sprache und ein Klima, in dem sich beide wohlfühlen und entfalten können. Dazu gehören auch die Wörter, die sie für ihre Partnerschaft gebrauchen. Betrachten wir sie noch einmal der Reihe nach.

Partnerschaft

Die Wörter »Partner« und das davon abgeleitete »Partnerschaft« haben eine junge Geschichte. Sie sind im Deutschen erst seit dem 19. Jahrhundert im Lexikon belegt. Die Partnerschaft beinhaltet im Gegensatz zur Ehe keine rechtlichen Ansprüche.

In dem Wort »Partnerschaft« ist der »Partner« enthalten. Das bedeutet wörtlich »Teilhaber«. Ein Partner ist jemand, den ein anderer wörtlich genommen an seinen Erfahrungen teilhaben lässt und der seinerseits auch an den Erfahrungen seines Partners Anteil nimmt.

Eine Partnerschaft kann sich auf zwei Personen beziehen. Rein theoretisch können es auch mehr als zwei Personen sein. Das Wort selbst gibt hier keine klare Angabe vor.

Das Wort »Partner« klingt eher sachlich. Es ist nicht immer gleich zu erkennen, um welche Art von Partnerschaft es sich handelt. Wenn mir eine Frau ihren Partner vorstellt, dann weiß ich oft nicht, ob sie mir ihren Lebensgefährten vorstellt oder ihren Geschäftspartner. Je nach dem Rahmen, in dem ich jemanden kennenlerne, interpretiere ich dann, was mein Gesprächspartner mit »Partner« wohl meint, oder frage achtsam nach.

Ganz anders ist das Wort »Lebensgefährte«. Damit gibt jemand klar an, dass er oder sie mit einem anderen Menschen durchs Leben geht. Es setzt sich zusammen aus den Wörtern »Leben« und »Gefährte«. Das Wort »Gefährte« wiederum leitet sich ab von »fahren«. So ist ein »Lebensgefährte« einer, mit dem jemand gemeinsam durchs Leben geht. Der Lebensgefährte ist eindeutig ein privater und kein beruflicher Partner. Diese Bezeichnung klingt warm und wertschätzend.

Manche Menschen sprechen von ihrem »Lebensabschnittspartner«. Dieses Wort klingt kalt und hart.

Beziehung
Neben der Bezeichnung »Partnerschaft« ist die »Beziehung« ein weit verbreitetes Wort für das, was privat zwei Menschen

miteinander verbindet. Es heißt: »Er hat eine neue Beziehung.« Oder: »Sie lebt in einer glücklichen Beziehung.« Oder, wenn sie keinen Partner hat: »Sie hat keine Beziehung.«

Das Wort »Beziehung« leitet sich von »ziehen« ab. Die beiden Partner beziehen sich aufeinander und sind miteinander durch ein imaginäres Seil in Kontakt. Liebesbande sind stark und können beide gut nähren, vorausgesetzt, beide lassen einander und sich selbst genügend Freiraum.

Es kann auch passieren, dass beide aneinander herumziehen und sich einengen. Wenn das Ziehen zu stark wird, dann ist eine Beziehung schnell angespannt. Das lässt sich bildlich schön darstellen: Jeder hat ein Ende eines Seiles in der Hand und zieht daran.

Es kann auch passieren, dass einer der beiden alles mit sich machen lässt und nicht auf die eigenen Bedürfnisse achtet. Das sieht nach außen hin nach Harmonie aus. Dann zieht der Mann am Seil, und die Frau läuft hinten nach, egal, ob ihm oder ihr dies gefällt oder nicht. Doch das geht auf Dauer selten gut. Irgendwann wird er oder sie unzufrieden und will nicht mehr alles mitmachen. Keiner weiß dann so recht, was auf einmal los ist. Es kann auch sein, dass es dem, der immer zieht und das Zugpferdchen ist, zu viel wird. Das geschieht vor allem dann, wenn die Frau am Mann hängt. Das Gleiche gilt natürlich auch dann, wenn der Mann an seiner Frau hängt. Sie sagen dann: »Ich hänge an meinem Mann«, oder: »Ich hänge an meiner Frau.«

Es klingt anders, wenn Sie sagen: »Ich liebe meinen Mann«, oder: »Ich liebe meine Frau.« Dann bleiben Sie innerlich frei und sind eben keine Anhängsel.

Wenn eine Beziehung angespannt ist, dann ist es wichtig, miteinander zu reden. Nur so können beide herausfinden, was jeder braucht, um glücklich zu sein. Vielleicht ist es an der Zeit, zu klären, welche Art von Partnerschaft die beiden

Beteiligten miteinander haben und welche sie auf Dauer haben wollen. Möglicherweise ist es das Ende der Beziehung und der Beginn einer anderen Qualität von Gemeinschaft. So kann es helfen, für die Beziehung ein anderes Wort zu finden. Eine Beziehung neigt dazu, angespannt zu sein.

Viele Menschen sprechen dann etwas kritisch von der Beziehungskiste. Ich sage dafür lieber Partnerschafts-Schatulle. Mit Humor lässt sich vieles leichter annehmen und dann wieder auf die rechte Spur bringen.

Freundschaft und Verlobung

Freundschaft ist ein hoher Wert. Jeder darf sich glücklich preisen, der wahrhaft gute Freunde hat. Freundschaften bestehen auch neben und im Rahmen einer Ehe, Partnerschaft oder Beziehung. Es ist wichtig, Freundschaften zu pflegen. Eine Freundschaft kann auch Zeiten mit räumlicher Entfernung überdauern.

Was die Freundschaften von Männern und Frauen angeht, so macht es einen großen Unterschied, ob es heißt: »Er ist mein Freund« oder »Er ist ein Freund von mir«. Bei »Er ist mein Freund« und »Sie ist meine Freundin« zeigen sich die beiden als ein Paar.

Es ist ein wichtiger Schritt, wenn der Freund nicht mehr nur »der Peter« ist, sondern wenn seine Freundin ihn vorstellt als: »Das ist Peter, mein Freund.« Wenn nun die beiden weiterhin zusammenbleiben, dann ist es für sie irgendwann an der Zeit, zu klären, wo sie sich hin entwickeln wollen und wie sie sich ihre Gemeinschaft auf Dauer vorstellen.

Nur wenn sie sich aktiv dazu Gedanken machen, können sie ihre Partnerschaft so gestalten, wie sie es tatsächlich wollen. Ansonsten kann irgendetwas dabei herauskommen, was sie nie so haben wollten.

Vielleicht wollen sie miteinander eine Familie gründen.

Sie betrachten dann gemeinsam die verschiedenen Möglichkeiten, wie das für sie konkret aussehen kann. Das ist eine wunderbare Zeit voller Träume und Chancen. Angenommen, die beiden Partner entscheiden sich füreinander, dann tun sie gut daran, diese Entscheidung öffentlich zu machen und ihren Familien und Freunden als solche mitzuteilen. Darin liegt eine große Kraft. Es ist klug, sie zu nutzen.

Für diese Phase des Übergangs von der Freundschaft zur eigenen Familie gibt es eine eigene Bezeichnung: die Zeit der Verlobung. In ihr liegt eine wunderbare, sanfte Kraft.

Frank hat uns an seinen Erfahrungen mit seiner Verlobung teilhaben lassen.

Frank

Frank ist ein junger Mann Ende zwanzig. Er kennt und liebt seine Freundin Julia schon seit fünf Jahren. Vor einiger Zeit sind sie zusammengezogen. Sie sind rundherum glücklich miteinander.

Er sprach oft von seiner Freundin und nannte sie entweder beim Namen oder sagte »meine Freundin«. Er erzählte, dass sie irgendwann heiraten wollen.

Ich sagte ihm: »Ja, dann heirate sie doch!« Frank lachte: »Das stimmt. Das kann ich auch gleich machen. Doch will ich erst Julias Vater fragen. Mir ist es wichtig, dass er einverstanden ist und uns damit seinen Segen gibt.«

Ich lächelte Frank an und schwieg. Dann sagte er weiter: »Ich werde ihn in zwei Wochen sehen. Wir wollen ihn sowieso besuchen. Dann kann ich ihn ja gleich fragen. Ja, das mache ich!« Frank lachte und meinte: »Das ist witzig. Da bin ich nicht draufgekommen. Genau, und dann frage ich gleich danach Julia. Sie wird bestimmt ja sagen. Und dann frage ich ihre Mama. Aber die hat mir schon einmal gesagt, dass sie das schön fände. Also da passt alles!«

Frank machte sich noch Gedanken, wie er Julias Vater ansprechen und einen Heiratsantrag machen würde. Das Wort »Verlobung« kam in unserem Gespräch nicht vor. Es war nur vom Heiraten die Rede.

Drei Monate später sah ich Frank wieder. Er kam zur Tür herein und hatte eine bemerkenswert klare, kraftvolle Ausstrahlung. Er strahlte Ruhe und Sicherheit aus und war dabei das blühende Leben, voller Elan und Schwung.

Er schaute mich an und sagte: »Ich habe es gemacht. Ich habe ein dreifaches Ja bekommen!« Dann erzählte er freudig von seiner Verlobten und von seiner Verlobung.

Ich fragte ihn: »Lieber Frank, bis vor Kurzem war Julia deine Freundin. Jetzt seid ihr Verlobte. Was ist für dich jetzt anders?«

Frank antwortete mir klar: »Ich fühle mich stark und fest. Ich bin angekommen. Ich brauche nicht mehr zu suchen. Ich kann mich niederlassen. Und: Wir haben uns beide etwas versprochen!« Nach einer kurzen Pause fügte er hinzu: »Ich kann es jedem nur empfehlen, sich zu verloben. Darin liegt so viel Kraft!«

Ehe

Das Wort »Ehe« bedeutete schon im Althochdeutschen »Ehe« und »Ehevertrag«. Die Ehe gab schon in germanischen Zeiten beiden Seiten einen Rechtsanspruch. Dies bedeutete für das frisch vermählte Paar von Anfang an soziale und wirtschaftliche Sicherheit.

Die Ehe gibt auch heute noch beiden Seiten einen Rechtsanspruch. Ab dem Moment der Hochzeit spricht der Ehemann von »seiner Frau« und die Ehefrau von »ihrem Mann«. Mit dem »mein« zeigen sie, dass sie zueinander gehören und miteinander durchs Leben gehen. Ein Ehepaar hat laut und für alle hörbar »ja« gesagt. Von da an führen sie eine Ehe.

Das Verb »führen« spricht für sich. Das Führen einer Ehe erfordert Aufmerksamkeit und ein zielgerichtetes Handeln. Wenn zwei Menschen ihre Ehe bewusst führen, dann gestalten sie ihre Ehe gemeinsam und sind in einem beständigen Austausch. Dabei wird der Mann für die Frau da sein und die Frau für den Mann; und beide werden darauf schauen, dass es dem anderen gut geht. Sie gehen miteinander durch Dick und Dünn. Sie stehen zueinander in guten und in schlechten Tagen. Dabei werden sie einander genügend Raum lassen, um sich zu entfalten und zu wachsen. Wir können dann sagen: Sie führen eine gute Ehe.

Wenn die Ehepartner vor lauter Alltagsgeschäft ihre Ehe vernachlässigen und sie nicht mehr aktiv und bewusst führen, kann sie ins Schlingern kommen. Dann stellt sich bald ein etwas rauherer Ton ein. In einer solchen Situation ist es erforderlich, die Ehe und auch den Umgangston wieder auf die richtige Spur zu bringen. Eine wertschätzende, klare Sprache bewirkt wahre Wunder. Sie hilft dabei, Konflikte anzusprechen und sie auf eine wohlwollende Weise zu klären.

Das Wort »Ehe« kommt aus der Mode. Es ist immer mehr nur noch vom Heiraten und vom Verheiratet-Sein die Rede. Die einen heiraten einander, andere lassen es bleiben. Sie sehen darin keinen Sinn mehr. Rein sprachlich betrachtet fehlt danach auch das Entscheidende, nämlich die Ehe. Und die kommt nach der Heirat.

Der Blick auf die Herkunft des Wortes »Heirat« ist aufschlussreich. Es bedeutete ursprünglich »Hausbesorgung«, dann »Ehestand« und schließlich »Eheschließung«. Es setzt sich zusammen aus den Silben »hei-« und »-rat«. In früheren Zeiten konnte ein Mann heiraten, wenn er alles beieinanderhatte, um eine Familie zu gründen. Er brauchte eine geeignete Unterkunft, den erforderlichen Hausrat und Vorrat, um alle satt zu bekommen. Erst dann durfte er eine Frau heiraten und in sein Heim führen. Vorher war er ein Freier und machte einer Frau den Hof. Er machte ihr diesen Hof ganz wörtlich, mit allem Drum und Dran. Das Wort »Freier« ist interessanterweise etymologisch verwandt mit »Freund«, mit »frei« und auch mit »Frieden«. Veraltet sprechen wir noch davon, dass jemand auf Freiersfüßen unterwegs ist.

Diese Wörter rund um das Freien einer Frau geben ein Bild von Freiheit, Freundschaft und von Frieden. Das sind gute Voraussetzungen für eine glückliche Ehe.

Damit komme ich zurück zu dem Wort »Ehe«. Ich nenne Ihnen zwei Varianten, in denen das Wort »Ehe« Anwendung finden kann. Wir können sagen, dass jemand eine gute Ehe führt. Und wir können sagen, dass jemand etwas für seine Ehe tun. Das klingt anders, als wenn er etwas für seine Beziehung tut.

Übrigens gibt es das Wort »führen« nur bei der Ehe. Bei der Partnerschaft ist das Wort »führen« nicht gebräuchlich. Wir haben eine Partnerschaft, oder wir haben sie nicht. Genauso ist es bei einer Beziehung: Wir können eine Beziehung haben oder nicht haben. Niemand spricht davon, dass er eine Partnerschaft oder Beziehung führt. Das geht nicht. Dieser Sprachgebrauch ist dem »Führen einer Ehe« vorbehalten.

Übung

Wie nennen Sie die Partnerschaft oder Lebensgemein-schaft, in der Sie leben oder die Sie anstreben?

Entspricht die Bezeichnung dem, was Sie empfinden, und auch dem, was Sie sich erwünschen? Wollen Sie bei dieser Bezeichnung bleiben? Fragen Sie Ihren Partner nach seiner Sichtweise.

Gebrauchen Sie bewusst die Bezeichnung, die Ihrem inneren Bild entspricht. Beobachten Sie, wie sich Ihr Sprachgebrauch in der Folge nach innen und nach außen auswirkt.

4. Die wertschätzende Kontakt-aufnahme mit den drei A

Die drei A sind ein weiteres zentrales Element bei Lingva Eterna. Sie sind ein wunderbares und kraftvolles Mittel, auf eine wertschätzende Weise den Kontakt zu jemandem aufzunehmen und dann auch zu halten.

Das erste A steht für das Ansprechen. Es erfolgt durch das Ansprechen mit dem Namen. Es ist bedeutsam, den Namen des Gesprächspartners liebevoll auszusprechen und auch mit der inneren Aufmerksamkeit bei dem Angesprochenen zu sein. Daraufhin wird er reagieren und aufschauen.

Das zweite A steht für Anschauen. Es ist bedeutsam, wirklich Blickkontakt mit dem Gesprächspartner aufzunehmen und ihm einen Augen-Blick zu schenken. Sollte derjenige nicht aufblicken oder zu weit entfernt sein, um Sie anschauen zu können, dann genügt auch Rufkontakt. Es ist wichtig, eine Reaktion abzuwarten. Nur dann können Sie sicherstellen, dass Sie wirklich miteinander in Kontakt sind und dass der andere auch tatsächlich empfangsbereit ist.

Das dritte A schließlich steht für einen kurzen Atemzug. Dieser Atemzug ist wichtig, denn er geht mit einer kleinen Pause einher. Er bewirkt, dass der Sprecher wirklich mit seinem Gesprächspartner in Kontakt kommt und nicht einfach gleich losredet. Durch diesen Atemzug nimmt der Sprecher Tempo heraus und wendet sich ehrlich seinem Gesprächspartner zu. Erst danach erfolgt der Informationsaustausch bzw. die Weitergabe der Nachricht.

Auf dieser Basis erreichen Botschaften ihr Ziel, und die Kommunikation gelingt leicht. Dies gilt für ganz normale Situationen im Alltag ebenso wie für etwas heikle Situationen, bei denen einer der Partner oder auch beide angespannt sind.

Jedes kleine Kind beherrscht die drei A. Wir können viel von ihnen lernen, für die Partnerschaft und auch für andere Bereiche des täglichen Lebens.

Von Kindern lernen

Jedes kleine Kind beherrscht die wirksame Kontaktaufnahme. Es sagt »Mama«, »Papa«. Es nimmt Blickkontakt mit seinem Gesprächspartner auf. Es redet erst weiter, wenn dieser den Kontakt mit einem Blick, einem kurzen »Hm« oder einem »Ja, mein Schatz« bestätigt. Es will sich ganz sicher sein, dass seine Worte gut ankommen. So verliert es keine Worte.

Ein Kind atmet, bevor es weiterspricht. So entsteht immer eine kleine Pause zwischen »Mama« und dem, was es der Mama danach sagen will. Auf diese Weise gewinnt es ihre volle Aufmerksamkeit. Mit dieser Strategie ist es in hohem Maße erfolgreich. Kinder erreichen fast alles, was sie bekommen wollen.

Das hat ganz wesentlich mit dieser stets präzisen Kontaktaufnahme zu tun. Anschließend sagt es klar, was es haben oder sagen will. Dabei hält es weitgehend den Blickkontakt. Danach folgen kurze, klare Sätze mit lebendigen Bildern. Durch den klaren, in sich stimmigen Satzbau entstehen auch in dem Angesprochenen lebhafte Bilder. Sie kommen an und bewirken etwas. Von kleinen Kindern im Kindergartenalter können wir viel lernen, auch im Hinblick auf eine gelungene Kommunikation.

Wenn ein Kind auf diese Weise einen innigen Wunsch äußert, wird in Ihnen der Wunsch entstehen, ihm seinen Wunsch nach Möglichkeit zu erfüllen. Das kann zum Beispiel sein, dass es sich wünscht, dass Sie mit ihm zum Froschteich gehen oder ihm eine Geschichte vorlesen. Das werden

Sie sicher nach Möglichkeit machen. Das macht dann beide glücklich.

Die drei A in der Partnerschaft

Bei den drei A erfolgt das Ansprechen immer mit dem Namen oder – je nach Situation – mit dem Kosenamen. Die Art, sich mit dem Namen anzusprechen, ändert sich im Lauf der Zeit.

Wenn ein Paar noch ganz frisch beieinander ist, dann sagen sie sich ihren Namen ganz oft und stets liebevoll und wertschätzend. Allein das Aussprechen des Namens ist für beide eine Quelle des Glücks. Das lässt mit der Zeit und erst recht mit den Jahren nach. Doch können wir uns davon bewusst etwas bewahren.

Wenn ein Paar schon einige Jahre zusammen ist, sagen sie den Namen des anderen vor allem dann, wenn sie ihn rufen. Sie sagen ihn auch, wenn sie bei anderen voneinander sprechen. Dann heißt es: »Martin hat mir das schon ausgerichtet.« Oder auch – teils regional bedingt: »Der Martin hat mir das schon ausgerichtet.« Doch im direkten Kontakt – sozusagen ohne Not – sagen sie den Namen selten. So erging es auch Dorothea und Franz.

Dorothea und Franz

Wenn Dorothea und ihr Mann Franz gemeinsam in einem Raum sind, dann reden sie einfach drauflos. Es kann sogar sein, dass sie dabei einander den Rücken zuwenden: »Magst du einen Kaffee?« Mit einigem Glück fühlt sich Franz angesprochen und antwortet. Dann sagt er vermutlich nur kurz: »Ja« oder »Nein, jetzt nicht«, und blättert weiter in seiner Zeitung.

Mit den drei A entsteht garantiert ein ganz anderer Dialog. Dann sagt Dorothea: »Franz! – Magst du einen Kaffee?« Beim Namen wendet sie sich ihm zu und schaut ihn an. Er wird sie jetzt wahrscheinlich auch anschauen, vielleicht wird er sie fragen, ob sie auch einen Kaffee trinken will. Mit großer Sicherheit wird er ein »Dankeschön« über die Lippen bekommen oder vielleicht sogar ein »Dankeschön, Dorothea!«. Das wiederum macht etwas mit der Stimmung der nächsten Stunde und darüber hinaus.

Die drei A helfen beiden Partnern, sich mehr zu sehen und wahrzunehmen. Das liebvolle Aussprechen des Namens ist ein wesentlicher Teil der Kontaktpflege. Gerade dann, wenn viel los ist und der Alltag beide stark fordert, sind die drei A eine großartige Möglichkeit, miteinander in einem guten Kontakt zu bleiben. Doch sind sie auch an normalen Tagen Balsam für die Seele. Dabei ist die kleine Pause nach dem Namen wesentlich für die so wohltuende Wirkung.

Paare, die die drei A für sich entdecken, merken, dass sie damit eine noch herzlichere und noch schönere Stimmung haben. Sie fühlen sich damit beide gesehen und geachtet. Das erleichtert es ihnen, einmal über eine Ungeschicklichkeit oder einen Fehler des Partners hinwegzusehen. Die meisten Paare berichten, dass sie wieder mehr lachen und einfach mehr Spaß miteinander haben.

Übung

Integrieren Sie die drei A in Ihren Alltag. Die drei A stehen für Ansprechen, Anschauen und einen kurzen Atemzug, bevor Sie weitersprechen. Ich gebe Ihnen ein Beispiel:

Statt »Ich habe eine Frage an dich!« machen Sie nach dem Aussprechen des Namens bitte eine kleine Pause: »Jürgen – ich habe eine Frage an dich!«

Beobachten Sie, welche Wirkung die drei A auf Sie selbst und auf Ihre Partnerschaft haben.

Die drei A sind auch im Beruf hilfreich

Diese Art der wertschätzenden Kontaktaufnahme ist nicht nur daheim von großem Wert. Sie ist auch im Beruf ein sicherer Weg für eine wertschätzende, wirksame Kontaktaufnahme. Sie erleichtern es jedem, den Menschen auch wirklich zu sehen, den er gerade anspricht: Dann kann es als Erstes um den Menschen und in zweiter Linie um die Sache gehen.

Der ansprechende Kollege klopft mental an dem Raum des anderen an und bittet ihn damit um Gehör. Er sichert sich gleichzeitig die volle Aufmerksamkeit des anderen, bevor er weiterspricht. Sie werden dann nicht mehr aneinander vorbeireden. So können die Botschaften beim anderen auch wirklich ankommen.

Auf diese Weise werden die beiden beteiligten Menschen viel bessere Ergebnisse haben, als wenn sie nur die Sache im Blick haben. Das ist ein ganz wesentlicher Aspekt. Dann geht es allen Beteiligten gut. Sie sind mit Freude dabei und können ihre Fähigkeiten entfalten. Diese Erfahrung machte auch Felix.

Felix

Felix arbeitet in einem Büro gemeinsam mit einem Kollegen Florian. Felix lernte die drei A kennen und wendete sie zuerst nur daheim mit seiner Frau an. Sie haben beide damit gute Erfahrungen gemacht. Dann begann er, die drei A auch im Büro anzuwenden. Er war neugierig, wie sie sich dort auswirken würden.

Bislang hatten sein Kollege und er einander nur selten mit dem Namen angesprochen, es sei denn, sie hatten sich gerufen oder sich am Morgen begrüßt. Beide sind immer davon ausgegangen, dass der andere ja der Einzige sonst im Raum ist und daher auch wissen muss, dass er mit ihm spricht.

Sie sagten dann immer gleich, was sie dem anderen sagen wollten, zum Beispiel: »Für dich ist ein Fax gekommen. Ich lege es dir hin!« So unterbrachen sie einander, egal was der Kollege gerade machte oder dachte. Manchmal bekam er – trotz des zuvor Gesagten – gar nicht mit, dass der Kollege ihm ein Fax hingelegt hatte. So ging dann und wann eine wichtige Information unter.

Mit den drei A klingt die gleiche Szene so: »Florian! – Für dich ist ein Fax gekommen. Ich lege es dir hin!« Bei dieser Variante schaut Florian kurz auf. Dann schaut er erst den Kollegen und dann das Fax an. Jetzt kann er sich leicht an das Fax erinnern. Er hat es innerlich gespeichert und hat diese Information abrufbar.

Eine starke Wirkung hat dabei das dritte A, die kurze Atempause. In ihr hat Felix einen wichtigen Schlüssel erkannt.

Bitte vergleichen Sie die beiden Varianten. Lesen Sie sie bitte laut: »Florian! – Für dich ist ein Fax gekommen.« Nun vergleichen Sie diese Kontaktaufnahme mit der folgenden Variante ohne die kurze Pause: »Florian, für dich ist ein Fax gekommen.«

Die Wirkung der kleinen Pause ist enorm. Hier sieht sich Florian gesehen und persönlich angesprochen. Es geht in erster Linie darum, dass zwei Kollegen miteinander im Kontakt sind und gern und gut zusammen arbeiten.

Wenn die kleine Pause bei der Kontaktaufnahme fehlt, dann geht es gefühlt nicht um Florian. Es geht nur um die Sache. Dies hat eine markante Wirkung auf die Motivation und vielleicht auch auf die Leistungsfähigkeit unseres Gehirns. Freude schaltet bekanntlich das Gehirn an.

Felix hat Florian gefragt, was ihm lieber ist, die alte oder die neue Form. Er antwortete klar, dass die neue Form ihm wesentlich lieber ist. Er hatte nicht sagen können, was sich bei Felix geändert hatte. Er hatte einfach geglaubt, dass er ausgeglichener ist. Es lag an den drei A. Sie haben etwas mit der Stimmung im Büro gemacht. Nun hat auch Florian die drei A nach Hause in seine Familie getragen und berichtet seinem Kollegen immer wieder schöne private Geschichten rund um die drei A.

Bereits nach kurzer Zeit griffen noch weitere Kollegen die drei A auf und haben sie sich zu eigen gemacht. Die Stimmung am Arbeitsplatz ist damit noch besser geworden. Das wiederum wirkt sich auf die Stimmung aus, die Felix am Abend nach Hause mitnimmt.

Es ist ein schöner Aufwärtstrend entstanden.

5. Wohlfühlen ist wichtig: Das Paar schafft sich einen guten Ort

Die gemeinsame Wohnung oder das gemeinsame Haus sind ein wichtiger Ort für ein Paar. Dieser Ort soll eine Oase für sie sein, in die sie immer gerne zurückkommen. Jedes Paar kann mit seiner Sprache dazu beitragen, dass dort ein Wohlfühlklima entsteht. Es ist ganz einfach. Der Alltag bietet vielfältige Möglichkeiten, hier liebevolle Akzente zu setzen.

Eine warme, wertschätzende Sprache trägt zur Gemütlichkeit und Geborgenheit bei. Sie streichelt die Seele und tut beiden Partnern einfach gut. Manche Menschen sind im Beruf einer kalten Sprache ausgesetzt. Dann empfinden sie eine warme, friedvolle Sprache daheim als besonders wohltuend.

Druck und Hetze vor der Tür lassen

Zum Wohlfühlklima gehört es, dass Druck und Hektik möglichst draußen vor der Tür bleiben. Es gibt jedoch einige sprachliche Elemente, die genau diesen Druck und diese Hektik erzeugen. Dazu gehört beispielsweise der inflationäre Gebrauch von »müssen« und »schnell«.

Viele Menschen sagen gewohnheitsmäßig »müssen«. Sie scheinen alles in ihrem Leben zu müssen. Sie sagen selbst dann »müssen«, wenn es sich um ihre Freizeit handelt: Sie müssen den Tisch decken, dann müssen sie essen, und anschließend müssen sie die Küche aufräumen. Sie sind von diesem »Müssen« regelrecht durchdrungen. Es genügt völlig, wenn sie den Tisch decken, essen und danach die Küche aufräumen.

Wer so oft »müssen« sagt, macht sich und anderen Menschen Druck. Mit jedem weiteren »Müssen« laden Müssen-Sager beständig neuen Druck in ihr Leben ein. Irgendwann halten sie ihn kaum mehr aus. Dauerdruck macht krank. Gerade daheim darf dieser Dauerdruck, dem viele im Beruf ausgesetzt sind, aufhören.

Es ist einfach, das gewohnheitsmäßige »Müssen« zu wandeln. Die meisten »Müssen« können Sie wie bei dem obigen Beispiel ersatzlos streichen. Etliche Sätze mit »müssen« benennen zukünftige Tätigkeiten. So ist es beispielsweise bei dem Satz »Ich muss morgen nach München fahren«. Hier haben wir auf der Ebene des Satzbaus einen Widerspruch. »Ich muss« ist rein grammatikalisch Gegenwart, und »morgen« gibt die Zukunft an. Das passt nicht zusammen. Der korrekte Satz heißt: »Morgen werde ich nach München fahren.«

Die meisten Menschen gebrauchen für alles Gegenwärtige und für alles Zukünftige das Präsens. Sie packen damit alles Zukünftige in die Gegenwart. Auf diese Weise überladen sie die Gegenwart und überfordern sich.

Es ist enorm entlastend, nur noch das Aktuelle in der Gegenwart zu formulieren. Damit wird die Gegenwart frei für das, was auch tatsächlich in der Gegenwart stattfindet. Das Futur ist eine großartige Möglichkeit, Druck und Hetze aus dem Haus zu schaffen.

Ein Blick auf die ursprüngliche Bedeutung von »müssen« rückt dieses Wort in ein neues Licht. Dieses Wort hat eine starke Bedeutungsverschiebung erfahren. »Müssen« leitet sich vom »Maß« ab und ist damit auch mit dem Wort »Maßhalten« etymologisch verwandt. Das Wort »müssen« bezeichnete ein bestimmtes Maß, das innerhalb einer bestimmten Zeit zu bearbeiten war. Wir haben solche Bezeichnungen noch in der Landwirtschaft. Der »Morgen« ist die Menge Land, die ein Bauer an einem Morgen bearbeiten konnte, und ein »Tagwerk« ist das Land, das er an einem Tag bearbeiten konnte. Wenn er sein Tagwerk vollbracht hatte, war Feierabend und Zeit für eine Mußestunde. Auch die Mußestunde leitet sich vom »Maß« ab.

»Müssen« kommt oft im selben Satz vor wie das Wort »schnell«. Beide Wörter verbreiten Unruhe und Druck. Dennoch kommen beide oft vor, und zwar völlig unbewusst. Dann kann das Gespräch eines Paares so klingen: »Ich muss noch schnell die Wäsche aufhängen. Und dann ruf ich noch schnell meinen Bruder an.« Die Antwort heißt: »In der Zwischenzeit schau ich schnell im Computer etwas nach.«

Hätten wir die ursprüngliche Bedeutung von »müssen« im Blick, könnten wir leichter Mußestunden Raum geben und auftanken. Das rechte Maß und die Mußestunde weisen den Weg zu einem gesunden, kraftvollen Leben. Das dürfen wir wiederentdecken.

Übrigens gibt es zahlreiche Sprachen, die das Modalverb »müssen« nicht kennen, zum Beispiel das Arabische. Es geht auch ohne. Gönnen Sie sich wenigstens daheim eine mussfreie Zone!

Konrad

Ich erinnere mich gern an Konrad, einen Mann Mitte fünfzig und schon lange mit seiner Frau Katharina verheiratet. Ich lernte ihn in einem Seminar kennen. Da begann er, auf seine Sprache zu achten. Er bat daheim seine Frau, ihn auf seine Formulierungen mit »müssen« und auf die mit »schnell« aufmerksam zu machen. Während er in den nächsten Tagen und Wochen übte, wurde ihm auch der Sprachgebrauch seiner Frau bewusst. Er hatte bis dahin noch nie wahrgenommen, wie oft auch sie diese beiden Wörter gebrauchte.

Sie beschlossen, gemeinsam auf »müssen« und »schnell« zu achten und sie nach Möglichkeit deutlich zu reduzieren.

Das gelang ihnen recht gut. Ich sah Konrad nach einigen Wochen bei einem weiteren Seminar wieder und fragte ihn nach seinen Erfahrungen. Er lachte: »Das ist wirklich unglaublich. Wir haben uns ja immer gut verstanden. Aber jetzt ist es noch viel besser geworden. Es ist noch gemütlicher, und ich habe das Gefühl, dass wir viel mehr Zeit miteinander haben, seit wir nicht mehr dauernd ›müssen‹ und ›schnell‹ sagen.«

Er strahlte fast verlegen und schüttelte noch einmal etwas ungläubig den Kopf. Dann fügte er noch an: »Ja, was Sprache ausmacht! – Auch in der Firma sage ich jetzt viel weniger ›müssen‹ und ›schnell‹. Da ist das Klima auch ruhiger und konzentrierter geworden. Ich bin jetzt ausgeglichener.«

Übung

Ich lenke Ihre Aufmerksamkeit auf Sätze mit »müssen«. Dabei wähle ich nur die Sätze aus, die beginnen mit »ich muss« oder »wir müssen«. Sätze mit »du musst« haben eine gänzlich andere Bedeutung. Bei ihnen handelt es sich meistens um eine vermeintliche Aufforderung. Sie können diesen Sprachgebrauch ein anderes Mal entdecken.

Jetzt geht es um Sätze mit »ich muss, wir müssen«. Entdecken Sie in einem ersten Schritt, wie oft Sie und Ihr Partner oder Ihre Partnerin diese Formulierungen gebrauchen. Nehmen Sie bitte die Wirkung wahr. Das können Sie machen, indem Sie immer wieder einen einzelnen Satz für sich zweimal sagen und dabei in sich hineinhorchen.

Erst in einem zweiten Schritt sagen Sie den Satz noch einmal ohne »muss«. Sagen Sie ihn auch zweimal. Spüren Sie bitte auch hier wieder die Wirkung.

Wählen Sie drei private und drei berufliche Sätze, in denen Sie üblicherweise »muss« sagen, und finden Sie sprachliche Alternativen. Ändern Sie in den nächsten Wochen nur diese wenigen Sätze. Alle anderen »Müssen« dürfen Sie weiter sagen.

Auf diese Weise werden alle »Müssen« von alleine weniger, und Sie behalten die Freude am Ausprobieren. Entdecken Sie, wie sich diese sprachliche Änderung auf die Kommunikation und vor allem auf Ihr eigenes Wohlbefinden auswirken wird.

Aus dem gemeinsamen Essen ein kleines Fest machen

Die gemeinsamen Mahlzeiten sind kostbare Momente für ein Paar. Hier haben die beiden Partner Gelegenheit, gemeinsame Zeit zu verbringen und miteinander ruhig am Tisch zu sitzen. Es ist wichtig, solche Gelegenheiten für die Zweisamkeit zu nutzen.

Nur wenige Paare haben die Möglichkeit, jeden Tag mittags gemeinsam zu essen. Umso wichtiger ist es, so gut als möglich das Frühstück und das Abendessen gemeinsam einzunehmen, und wenn es morgens nur ein Getränk ist. Dabei wirken ein kleiner Blumenstrauß und eine Kerze auf dem Tisch wahre Wunder. Sie kosten keine Zeit und bringen gleich eine gemütliche Atmosphäre. Jede gemeinsame Mahlzeit kann ein kleines Fest sein. Oft genügen dafür kleine Akzente.

Der Anfang eines Tages prägt das weitere Geschehen und die eigene Stimmung sowie die des Partners. Dieser geruhsame Start wird Sie beide durch den ganzen Tag begleiten. Stehen Sie früh genug auf, um eine Viertelstunde zusammensitzen und gemeinsam frühstücken zu können?

Vielleicht haben Sie eine Idee, womit Sie Ihrem Partner

schon am Morgen eine Freude bereiten können? Fragen Sie ihn. Vielleicht verrät er Ihnen etwas. Oder denken Sie sich etwas aus.

Die gemeinsamen Mahlzeiten am Mittag und am Abend sind weitere Gelegenheiten, Gemeinschaft zu pflegen. Auch hier schafft ein schöner Rahmen mit einem Blumenstrauß und einer Kerze eine angenehme Atmosphäre. Es ist wichtig, die Mahlzeiten gemeinsam zu beginnen und auch gemeinsam zu beenden.

Die Mahlzeit beginnt mit der Einladung, sich an den Tisch zu setzen. Wie immer schaue ich auch hier auf die Sprache. Angenommen, Sie waren der Fleißige und haben das Essen vorbereitet. Wie rufen Sie Ihre Partnerin oder Ihre Familie an den Tisch?

Hier gibt es viel zu entdecken. Manche Männer und Frauen rufen laut durchs Haus: »Das Essen ist fertig!« Dann kommt die Antwort aus einem entlegenen Zimmer: »Gleich!« Wie lange dauert dieses »Gleich«? Ob der oder die Gerufene sich wohl geachtet fühlt? Ob er oder sie wohl die Arbeit des anderen wertschätzen und ihm für die gute Suppe danken wird?

Welche Wirkung hat dieses Laut-durchs-Haus-Rufen auf die Stimmung und auf den Umgang eines Paares? Es ist egal, wenn das einmal oder manchmal ist. Doch wenn ein Paar sich diese Art angewöhnt hat, dann machen sie das immer wieder so. Sie finden das mit der Zeit ganz normal. Und die Kinder schließen sich dieser Gepflogenheit an und rufen auch durchs Haus: »Mama, hilf mir mal!« Oder: »Was gibt's denn zu essen?« Ein solcher Ton ist unangenehm, und hier leidet bald die Achtung voreinander.

Betrachten wir den Ruf »Das Essen ist fertig«. Dieser Satz ist eine interessante und wichtige Rahmeninformation. So wissen alle, um was es geht. Doch enthält er nur eine Aussage.

Es fehlt zu Beginn die Kontaktaufnahme mit den drei A. So wird sich niemand direkt angesprochen fühlen. Die nachfolgende Information wird mit einer großen Wahrscheinlichkeit ins Leere gehen. Danach fehlt noch etwas: Nach der Rahmeninformation fehlt die Handlungsaufforderung. So empfindet niemand einen Antrieb, sich auf den Weg zum Esstisch zu machen – ganz zu schweigen davon, seine Hilfe anzubieten oder dem Fleißigen gar für das gute Essen zu danken.

Dabei handelt es sich nur um einen Bedienungsfehler im Umgang mit der Sprache.

Wenn Sie wollen, dass Ihre Familie oder Ihr Partner zum Essen kommt, dann achten Sie als Erstes auf die wertschätzende Kontaktaufnahme. Das bedeutet, dass Sie zu jedem Einzelnen hingehen und ihn zum Essen einladen. Das ist eine Frage der Achtung, und zwar der Achtung vor sich selbst und vor dem anderen. Nach der wertschätzenden Kontaktaufnahme sagen Sie klar, um was es geht. Dann kann jeder sich darauf einstellen: In fünf Minuten gibt es Essen. Als Drittes folgt der Impuls: Sie sagen Ihrer Partnerin oder Ihrer ganzen Familie, was geschehen soll. In diesem Beispiel heißt dieser dritte Teil der Information: Kommt bitte an den Tisch!

Sie können natürlich auch ein anderes Signal vereinbaren, zum Beispiel einen Gong. Der erste Gongschlag bedeutet: »In zehn Minuten gibt es Essen. Stellt euch bitte darauf ein!« Der zweite Gongschlag bedeutet: »Das Essen steht auf dem Tisch. Kommt bitte!« Ein Gong hat sich in vielen Familien bewährt, vor allem in großen Familien und großen Häusern.

Waltraud und Jürgen

Waltraud hat eine andere Lösung gefunden. Sie hat sich Gedanken gemacht, wie sie die Einladung zum gemeinsamen Essen in ihrer Familie gestalten kann. Sie lebt mit ihrem

Mann Jürgen und ihren drei heranwachsenden Kindern in einem Haus mit drei Stockwerken. Bislang hatte sie auch immer laut durchs Haus gerufen. Das wollte sie nun ändern.

Dann erinnerte sie sich daran, dass die Familie für jedes Kind ein Haustelefon hat. Waltraud begann damit, kurz vor dem Essen ihren Mann und jedes einzelne Kind anzurufen und ihm die vollständige Botschaft zu sagen: »Lukas, das Essen ist fertig. Komm bitte runter!«

Die Wirkung war von Anfang an faszinierend. Erstens kamen alle vier umgehend zum Essen. Zweitens haben sie die Mahlzeiten von jetzt an viel mehr genossen. Alle Familienmitglieder machten interessierte Kommentare zu den Zutaten. So änderten sich auf einmal auch die Themen, die mit auf den Tisch kamen. Das wirkte sich auf den gesamten Umgang der Familie miteinander aus, und auch auf den Umgang des Paares miteinander.

Waltraud und ihr Mann Jürgen behalten die drei A bei. Verglichen mit dem spürbaren Gewinn an Wertschätzung und schönen Gesprächen ist der Aufwand des Anrufens wirklich gering.

Den guten Platz am Tisch finden

Die Sitzordnung am Tisch ist von großer Bedeutung. Es ist wichtig, dass jedes Familienmitglied von Anfang an den richtigen Platz hat. Wenn jemand auf dem richtigen Platz sitzt, dann geht es ihm gut, und er kann sich frei entwickeln. Wann immer jemand auf dem falschen Platz sitzt, kommt es auf Dauer immer zu Spannungen und Reibung.

Es ist wertvoll für junge Paare, schon früh auf diese Sitzordnung zu achten. Sie erleichtert ihnen den Alltag wirklich erheblich. Damit können sie sich viele überflüssige Schwierigkeiten sparen, Schwierigkeiten miteinander und auch Schwierigkeiten mit den beiden Elternpaaren. Es ist für ein Paar vorteilhaft, damit schon frühzeitig zu beginnen und nicht erst, wenn Kinder da sind. Diese Sitzordnung stärkt jeden der beiden und tut auch ihrer Partnerschaft gut.

Die Sitzordnung ist ein täglich wiederkehrendes, stummes Signal. Jeder der beiden Partner hat einen festen Platz. Auf diesen Platz hat er einen Anspruch. Dies gilt für den Herrn des Hauses und auch für die Dame des Hauses. Wenn Kinder da sind, dann haben auch diese einen klar definierten Platz. Das Gleiche gilt für die Eltern des Paares.

Es gibt eine Faustregel: Danach sitzt bei einem Paar die Frau links vom Mann. Links von der Mutter sitzen die Kinder dem Alter nach. Das erstgeborene Kind sitzt also links von der Mutter. Links von ihm sitzt seine nächstgeborene Schwester bzw. der nächstgeborene Bruder. So geht es weiter, das jeweils jüngere Kind sitzt links vom Nächstälteren.

Diese Sitzordnung macht es allen leicht, gut miteinander auszukommen. Sie hilft dem Paar, sich an ihrem jeweiligen Platz als Mann und als Frau zu entfalten. Dabei sind sie klar als Paar wahrnehmbar. Das ist anders, als wenn bei einer Familie mit zwei Kindern je ein Kind zwischen den Eltern sitzt. Die Eltern gehören ganz klar zusammen. Für Kinder ist bei dieser Sitzordnung leicht, sich in das Familiengefüge einzufügen und die Eltern als die Führenden und »Bestimmer« anzuerkennen. So können sie von ihnen am meisten lernen.

Wer dies beachtet, wird wenig mit Eifersucht unter den Geschwistern zu tun haben. Außerdem können die Kinder den Eltern leicht folgen, denn in dieser Position ist es den Kindern klar, dass die Eltern führen. Dann brauchen die Kinder sich nicht aufzuführen. Einer führt immer! Diese klare Sitzordnung entlastet die Kinder und stärkt die Eltern als Paar.

Auch die Eltern und Schwiegereltern eines Paares haben einen guten Platz. Sie haben den Vorsitz. Die Sitzordnung beginnt bei ihnen als den Ältesten. Ihre Kinder und deren Schwiegerkinder schließen sich links von ihnen an. Sie sind die Kinder ihrer Eltern und sitzen daher links von ihnen. Mit dieser Sitzordnung ehren die erwachsenen Kinder ihre Eltern und Schwiegereltern. Sie lassen ihnen den Platz, der ihnen aufgrund der Familienordnung zusteht. Idealerweise sitzen die Eltern der Frau links von den Eltern des Mannes. Die Frau sitzt jeweils links von ihrem Mann.

An einem Tisch können selbstverständlich Stühle frei bleiben. Es geht nur darum, dass die Reihenfolge der am Essen Beteiligten ihre gute Ordnung hat.

Es gibt noch zwei weitere wichtige Punkte zur Sitzordnung beim Essen: Das ist zum einen der gemeinsame Beginn der Mahlzeit. Es ist zu wünschen, dass ein Paar gemeinsam mit der Mahlzeit beginnt. Wenn Kinder da sind, sollen auch sie nach Möglichkeit auf den gemeinsamen Beginn warten. Diese Vorgehensweise ermöglicht einen klaren Rahmen und gibt auf diese Weise Halt und Orientierung.

Der zweite Punkt betrifft die Reihenfolge der Essensausgabe. Auch hier geht es der Reihe nach. Angenommen, das Paar sitzt zusammen und es sind keine Kinder und auch nicht die Eltern des Paares mit am Tisch. Dann nimmt der Mann als Herr des Hauses sich als Erster das Essen. Dann reicht er die Schüssel weiter an seine Frau, an die Dame des Hauses. Beide haben ihre individuellen, würdigen Plätze.

Wenn Kinder mit am Tisch sind, dann bekommen sie das Essen, wenn die Eltern sich vorher bedient haben. Die Reihenfolge richtet sich nach dem Alter der Kinder. Die Schüssel geht der Reihe nach vom Vater zur Mutter, von da zum Erstgeborenen und dann zum nächsten Kind. Wenn auch die Großeltern mit am Tisch sind, dann bekommen sie als Ranghöchste als Erste das Essen. Sie reichen dann die Schüssel weiter nach links zu ihren Kindern, zur mittleren Generation. Diese geben sie dann weiter an ihre Kinder oder – aus der Sicht der Großeltern – an die Enkel. Es ist sinnvoll, für ein Kleinkind das Essen schon gleich am Anfang auf seinen Teller zu geben, damit es abkühlen kann. Doch bekommt es den Teller erst dann vor sich hingestellt, wenn es an der Reihe ist.

Eltern mögen immer im Blick haben, dass sie beim Essen Vorbilder sind. Die Kinder lernen an ihrem Vorbild, sich das Essen zu nehmen. Außerdem lernen die Kinder, zu warten und den Eltern den Vorrang zu geben. Er gebührt ihnen. Die Eltern sind die Großen. Kinder brauchen eine Chance, dies lernen zu dürfen. Alles andere verwirrt sie. Nur dann können sie von den Eltern viel und leicht lernen.

Insgesamt geht es bei der Sitzordnung um das tägliche sichtbare Achten und Wertschätzen eines jeden Familienmitglieds. Die Sitzordnung bildet die innere Ordnung eines Familiensystems ab. Der Hintergrund dafür ist das Wissen um die Bedeutung der Ordnung in Familiensystemen.

Ich habe diesen Hinweis vor Jahren von der Psychologin Dr. Jirina Prekop bekommen. Er gründet auf dem Wissen der Familienaufstellungen von Bert Hellinger. Ihr Hinweis hat sich schon lange und vielfach als eine ganz besonders kostbare Empfehlung erwiesen. Er ist für jeden anwendbar und hat eine großartige, ordnende Wirkung.

Diese Sitzordnung ist an jeglichem Tisch möglich, egal ob er rund, viereckig oder oval ist. Es geht dabei immer um das Prinzip: Die Frau sitzt links vom Mann und die Kinder sitzen links von der Frau, dem Alter nach. Dabei kann sie auf dem Stuhl links neben ihrem Mann sitzen oder auch über Eck und sogar ihm gegenüber. Hätten sie beide ein Seidenband in der Hand, würde es von ihm zu ihr gehen, und von ihr dann weiter zu den Kindern.

Prüfen Sie bei Ihrer Sitzordnung immer wieder, ob das gedachte Seidenband wirklich vom Mann zur Frau und von dort zum erstgeborenen Kind geht. Niemand sollte zwischen das Paar kommen. So bleibt das Elternpaar immer als Paar sichtbar und spürbar. Das wirkt sich vorteilhaft auf die Partnerschaft aus und auch auf die Erziehung der Kinder.

Bei der Sitzordnung gibt es eine vorübergehende Ausnahme bei jungen Eltern. Sie betrifft die Zeit, in der das jüngste Kind noch Hilfe beim Essen braucht. In dieser Zeit sitzt dieses Kind links neben der Mutter. Daran schließen sich links die anderen Kinder an, beginnend mit dem ältesten. Doch bekommt auch hier das kleinste sein Essen in der Reihenfolge, in der es tatsächlich dran ist. Wenn es darauf noch nicht warten kann, dann bekommt es sein Essen extra und nicht mit der gemeinsamen Mahlzeit.

Was als Folge einer falschen Sitzordnung alles schiefgehen kann
Es gibt verschiedene Möglichkeiten, am Tisch falsch zu sitzen. Jede dieser Möglichkeiten hat ganz eigene nachteilige Auswirkungen. Es ist interessant, sie sich vor Augen zu führen, um danach den Wert der Sitzordnung noch höher einschätzen zu können.

Ich beginne mit einem Paar, einem Mann und einer Frau. Angenommen die Partnerin sitzt auf der rechten Seite und der Mann auf der linken, dann hat vermutlich sie in dieser Partnerschaft die Hosen an. Damit schwächt sie die Position ihres Partners. Auch ihren Platz als Frau kann sie so nicht ausfüllen. Sie wird sich damit selbst nicht gerecht.

Die geschwächte Position des Mannes kann das Bild schwächen, das er von sich und seinen Möglichkeiten hat. Dies wird sich letztlich auf seine Position als Vater und möglicherweise auch auf seine berufliche Entwicklung nachteilig auswirken. Umgekehrt stärkt der richtige Platz beider Eltern deren Führungskompetenz. Dies wirkt sich in der Familie und auch beruflich aus.

Es ist wichtig, dass kein Kind zwischen den Eltern sitzt. Wenn eine Mutter ihre Kinder dauerhaft rechts und links von sich setzt, läuft sie Gefahr, die Kinder übermäßig zu behüten und sie von sich abhängig zu machen. Gleichzeitig schafft sie eine Kluft zwischen sich und ihrem Mann. Sie hält ihn übermäßig auf Abstand. Je nach Alter treibt sie die Kinder, vor allem Buben, auf diese Weise in die Rivalität mit dem Vater. Das Kind, das rechts von der Mutter sitzt, hat den Platz des Herrn des Hauses.

An dieser überhöhten Position werden Kinder frech und aufsässig. Sie übernehmen die Führung so gut, als dies in ihren jungen Jahren geht. Hier werden manche Kinder, vor allem Buben, regelrecht erziehungsresistent. Zusätzliche Schwierigkeiten in der Schule sind dann oftmals eine weitere logische Folge.

Wenn der Vater auf diese Weise seinen Platz einbüßt, dann hat dies oft auch schwerwiegende Folgen für die Partnerschaft. Die Lösung ist jederzeit einfach: Sobald ein Paar den falschen Platz eines oder mehrerer Familienmitglieder erkennt, kann es hier korrigierend eingreifen.

Hier sei angemerkt, dass es vermutlich am Anfang ein großes Geschrei des scheinbar entthronten Kindes geben wird. Doch ist es wichtig, dass Eltern konsequent bleiben. Sie werden schon bald die wohltuenden Auswirkungen der korrigierten Sitzordnung bemerken, weit über die Situation bei den Mahlzeiten hinaus. Dies tut dem Paar gut und auch den Kindern.

Probieren Sie es aus. Es ist für den Mann ein guter Platz, rechts von der Frau zu sein, und für die Frau ist es ein guter Platz, links vom Mann zu sein. Beides sind Ehrenplätze. So kommt der Mann in seine Kraft als Mann und die Frau in ihre Kraft als Frau. Erlauben Sie sich Zeit, dies zu erspüren. Die Auswirkungen sind immer wieder neu ermutigend.

Gönnen Sie sich drei Monate. Entscheiden Sie erst dann, ob Sie die Sitzordnung beibehalten wollen oder nicht.

Die Position der Frau links vom Mann gilt übrigens auch für das Bett, auf dem Rücken liegend betrachtet. Doch bevor Sie die Kissen umtauschen, sprechen Sie bitte mit Ihrem Mann oder Ihrer Frau ...

Aus einem Merkzettel eine freundliche Nachricht machen

Es gibt im Laufe eines Alltags immer wieder kurze Botschaften, die Ehepartner und Lebensgefährten miteinander austauschen. Es sind meist organisatorische Hinweise oder Aufgaben für den anderen. Wenn die Partner einander nicht sehen, dann behelfen sie sich mit Zettelchen oder auch mit einer SMS.

Da steht dann oft recht nüchtern: »Abendessen im Kühlschrank«, »Komme etwas später« oder »Nächste Woche Dienstreise«. Es gibt Tausende solcher Nachrichten. Sie alle haben eine Wirkung; und ihnen allen fehlt etwas Entscheidendes.

Es sind rein sachliche Informationen. Es fehlt ihnen jedoch die liebevolle Wärme. Darum geht es auch nicht, werden Sie vielleicht sagen. Und doch geht es auch darum. Ein verliebtes Paar würde sich niemals mit einer so nüchternen Nachricht begnügen. Da käme noch ein Smiley dazu oder ein anderer kleiner Herzens-Gruß.

Ab welchem Moment geben Paare so etwas auf? Das ist sicher eine gute Frage. Doch gilt es vor allem, zu erkennen, dass es so ist. Wie dem auch sei – Sie können Ihre Zettelchen und SMS ab heute auch wieder mit mehr Kreativität gestalten.

Betrachten wir die oben genannten Merkzettelchen-Nachrichten mit dem Blick auf die Sprachstruktur: Es sind alles unvollständige Sätze. Das ist traurig. Es fehlt ihnen eine Menge. Ich erinnere Sie an die Kurzformel: »Ganze Sätze, ganzes Glück. Halbe Sätze, halbes Glück.«

Bei allen drei kurzen Nachrichten fehlt das Verb. Das Verb lernen Kinder in der Grundschule als Tätigkeitswort kennen. Im Sinn des Entsprechungsprinzips steht das Verb für das Handeln. Wenn das Verb im Satz fehlt, macht sich leicht Trägheit breit. Das Verb fehlt dann ja nicht nur auf dem Zettel. Es fehlt vor allem schon im eigenen Denken. Vor allem hier macht sich die Trägheit breit.

Bei dem Hinweis »Abendessen im Kühlschrank« fehlen der Artikel und das Verb. Der Satz heißt korrekt: »Das Abendessen ist im Kühlschrank.« Doch ist das die beabsichtigte Botschaft? Vermutlich soll der Zettel die Information geben: »Du findest dein Abendessen im Kühlschrank.«

Bei der Nachricht »Komme etwas später« ist das Verb da, doch fehlt das Subjekt. Genau genommen stimmt auch die Nutzung der Zeitform nicht. Das Futur wäre angemessen. Der korrekte Satz heißt: »Ich werde etwas später kommen.« Wenn jemand aus scheinbar praktischen Gründen oft das Subjekt weglässt, dann wirkt sich das auf seine Ausstrahlung und früher oder später auch auf sein Selbstbewusstsein aus.

Nehmen wir noch als Letztes die dritte Nachricht: »Nächste Woche Dienstreise«. Hier fehlen das Subjekt und das Verb. Solche Stummelsätze wirken sich auf die Kommunikation nachteilig aus. Stummelsätze enthalten vor allem subtile emotionale Botschaften.

Stellen Sie sich vor, Sie kämen heim und fänden diesen Zettel auf dem Küchentisch. Wie ginge es Ihnen dabei? Was wäre Ihre Reaktion, und was würden Sie spontan sagen oder denken? Vergleichen Sie die Wirkung des Stummelsatzes mit der Wirkung des folgenden, vollständigen Satzes: »Ich werde nächste Woche auf eine Dienstreise gehen.«

Bis jetzt habe ich aus den Stummelsätzen lediglich vollständige Sätze gemacht. Bereits das hat eine starke und wohltuende Wirkung. Bei der Gesamtstruktur der Nachrichten fehlt immer etwas Wesentliches: Es fehlen die Kontaktaufnahme und die Handlungsaufforderung. Es ist wieder einmal nur der Rahmen da. Dies hat eine lähmende Wirkung. Erstarrung und Blockaden können die Folge sein.

Lassen Sie uns Bewegung in die Sache bringen. Die drei Schritte für einen gelungenen Gesprächsbeginn helfen dabei. Ich greife die erste Nachricht erneut auf. Nach dem Ergänzen der Kontaktaufnahme und der Handlungsaufforderung kann sie dann beispielsweise so klingen: »Liebe Margit, du findest dein Abendessen im Kühlschrank. Lass es dir schmecken! Bis später, dein Thomas.« Diese Nachricht ist eine wahre Wohltat im Vergleich zu der ursprünglichen Variante »Abendessen im Kühlschrank«.

Das Gleiche gilt für all die tausend Nachrichten, die sich Ehepaare, Lebensgefährten und Partner täglich schreiben. Wen wundert es, wenn sich bei solchen kalten Nachrichten allmählich Kälte breitmacht?

Die Lösung ist wirklich verblüffend einfach: Sie ist auf der Ebene der Satzstruktur zu finden. Was die Nachrichten auf den Merkzetteln und die SMS angeht, so bedeuten vollständige Sätze einen minimalen Mehraufwand an Zeit und – wenn überhaupt – an Kosten. Für diesen bescheidenen Mehraufwand werden Sie Wärme und Zuneigung und Wertschätzung in Hülle und Fülle säen und natürlich letztlich auch ernten. Und vor allem, behalten Sie es bitte im Blick: Ihre eigenen vollständigen Sätze machen etwas mit Ihnen selbst.

Sie sind ein entscheidender Schlüssel zu Ihrem eigenen Glück.

Kleine Zettelchen können auch anderes, als immer nur organisatorische Informationen zu transportieren. Sie eignen sich ebenso für kleine liebenswerte Botschaften. Sie können auf einen solchen Zettel auch einfach etwas Nettes schreiben: »Mein lieber Schatz, es ist so schön mit dir! Deine Anita.« Oder: »Ich denke an dich und male dir einen kleinen Blumengruß! Alles Liebe, Thorsten.«

Ihnen wird schon etwas Liebenswürdiges in den Sinn kommen. Erlauben Sie sich Phantasie!

Übung

Heute gebe ich beiden Partnern unterschiedliche Tipps. Den einen bitte ich, dem Partner Zettelchen und SMS zu schreiben. Dabei bitte ich ihn, nur vollständige Sätze zu gebrauchen. Beginnen Sie mit einer wertschätzenden Anrede und schließen Sie mit einem netten Gruß.

Den anderen bitte ich, sich für den Partner einfach liebenswürdige kleine Grüße auszudenken. Senden Sie ihm diese Grüße oder kleben Sie sie an einen schönen Platz. Erlauben Sie sich Phantasie!

Machen Sie das bitte für zwei Wochen. Beobachten Sie die Wirkung auf sich selbst und auf Ihre Partnerschaft. In den beiden darauf folgenden Wochen tauschen Sie bitte die Aufgaben.

Ich wünsche Ihnen viele schöne Erfahrungen!

Einander das Heimkommen angenehm machen

Es ist schön, nach Hause zu kommen und sich dort einfach rundherum wohlzufühlen. Wenn der Partner schon da ist oder bald heimkommt, dann ist dies doppelt schön.

Eine herzliche Begrüßung ist immer ein angenehmer Empfang. Das gilt für den, der heimkommt, und auch für den, der bereits da ist. Wie gestalten Sie diesen Empfang?

Bei einer jungen Partnerschaft springen beide Partner einander freudig entgegen und begrüßen sich herzlich. Derjenige, der schon daheim ist, lässt alles liegen und stehen und kommt dem anderen entgegen. Dann folgt eine freudige Begrüßung. Das ist wunderbar und erhöht die Vorfreude aufs Heimkommen. Eine solche herzliche Begrüßung gibt das sichere Gefühl, ganz und gar willkommen zu sein. Wärme und Geborgenheit gehen damit einher. So ist es leicht, loszulassen und auszuspannen.

Ich wünsche jedem Paar eine solch liebevolle Qualität des Heimkommens, auch noch nach langen gemeinsamen Jahren. Da schleicht sich oft der Alltag ein, und die Begrüßungen werden weit weniger herzlich und romantisch.

Es bedarf tatsächlich einiger Aufmerksamkeit, um sich selbst und dem Partner einen ehrlichen, warmherzigen Empfang zu bereiten. Wenn wir dies tun, dann spüren wir schon bald die wohltuende Wirkung.

Es genügt, wenn einer der beiden Partner damit beginnt und wieder auf eine achtsame und liebevolle Begrüßung achtet. Dies wird sich letztlich auf beide Partner auswirken.

Bettina und Werner
Bettina und Werner sind schon fast zwanzig Jahre zusammen, und seit fünfzehn Jahren sind sie ein Ehepaar. Bettina war schon immer früher daheim als Werner. Die ersten weni-

gen Jahre hatten sie sich freudig begrüßt. Sobald sie ihn gehört hat, hat sie ihre Tätigkeit unterbrochen und ist zu ihm gegangen.

Als die Kinder kamen, hat sie damit aufgehört. Mehr und mehr hat sie nur noch gerufen: »Ich bin hier!«, oder: »Wir sind hier!« Und dann kam Werner gewöhnlich zu ihr und begrüßte sie und die Kinder. Sie schenkte dem Heimkommen keine besondere Aufmerksamkeit mehr.

Inzwischen war auch Werner immer nachlässiger geworden. Er rief beim Heimkommen oft nur noch: »Hi!«, und kam nicht mehr zu Bettina. Sie war ja ohnehin mit etwas beschäftigt. Mehr und mehr verzog sich Werner gleich in seine geliebte Werkstatt. Bettina hatte dies kaum wahrgenommen. Es war eine schleichende Entwicklung.

Wenn Bettina ihren Mann beim Heimkommen hörte und dann zu ihm ging, dann hatte sie oft gleich eine Aufgabe für ihn. Dann sagte sie beispielsweise: »Da bist du ja endlich. Dann können wir noch schnell einkaufen fahren. Das schaffen wir gerade noch.« Werner machte dann meist hilfsbereit mit, doch machte er oft eine brummige Bemerkung und war auch sonst nicht mehr so fröhlich wie früher.

Bettina wurde bewusst, wie kühl und lieblos der Empfang inzwischen geworden war. Sie hatten Werners Heimkommen beide keine Bedeutung mehr geschenkt. Werner kam einfach heim, und das war alles.

Daran ändert Bettina nun etwas. Sie bereitet ihrem Mann inzwischen wieder bewusst einen schönen Empfang. Sie geht an die Tür und begrüßt ihn: »Werner – komm rein!« Die drei A helfen ihr, wirklich in einen guten Kontakt mit ihrem Mann zu kommen. Manchmal nimmt sie ihm dann den Mantel ab und hängt ihn auf. Sie zeigt ihre Freude, dass er wieder da ist, auch in Worten: »Ich freue mich, dass du wieder da bist!«, oder: »Ich freue mich, dass du schon da bist!«

Das kommt auf die Situation an. Sie sagt auch nicht immer das Gleiche. Dabei schaut sie ihn an. So haben sie im wahrsten Sinne des Wortes einen gemeinsamen Augen-Blick.

Davon erzählte sie mir. Dann fügte sie an: »Manchmal kommt mein Mann heim, und bin ich gerade bei den Kindern. Ich helfe ihnen bei irgendetwas, zum Beispiel bei den Hausaufgaben. Dann sage ich ihnen: ›Der Papa ist gerade gekommen. Kommt, wir begrüßen ihn. Und danach machen wir hier wieder weiter!‹ Oder wenn die Kinder einmal bei den Hausaufgaben bleiben wollen, gehe ich allein hinunter und begrüße Werner. Danach gehe ich wieder zu den Kindern und helfe ihnen weiter bei den Hausaufgaben. Dieses wertschätzende Begrüßen war für mich am Anfang auch neu. Es hat viel gebracht, für uns als Paar und auch für das Verhältnis meines Mannes zu den Kindern. Die Kinder sehen, wie ich mit ihrem Papa umgehe. Sie zeigen ihm jetzt mehr Achtung als früher und hören auch mehr auf das, was er ihnen sagt.«

Zwischen der alten und der neuen Begrüßung liegen Welten. Diese scheinbar so kleine Änderung hat sich insgesamt auf ihre Ehe ausgewirkt. Damit geht es Bettina und Werner gut und natürlich auch den Kindern: Sie alle profitieren davon. Das Paar ist sich wieder viel näher gekommen, und gleichzeitig haben beide, jeder für sich, viel mehr Freiraum. Vor allem haben sie wieder eine durchweg gute Grundstimmung. Das macht beide besonders glücklich.

Harald und Silke
Harald und Silke haben drei Kinder zwischen zwei und acht. Harald arbeitet als Techniker in einem Fertigungsunternehmen. Er geht schon früh aus dem Haus und kommt täglich gegen 17 Uhr nach Hause. Silke widmet sich ganz der Familie. Sie hat noch zwei Tageskinder mit angenommen. So herrscht tagsüber daheim ein munteres Treiben.

Bis vor einiger Zeit kam er heim, stellte am Eingang seine Schuhe ab und hängte seine Jacke auf. Dann ging er in sein Haus und rief freundlich in die Runde: »Hallo! Wie war's?« Und schon kam eines von den Kindern, und er war mittendrin in der munteren Runde.

Harald hat eine scheinbar kleine Nuance geändert. Er kommt jetzt genau so nach Hause wie früher. Doch ist seine Begrüßung eine andere. Er sagt jetzt: »Hallo! Ich bin wieder da!«, und blickt dabei freundlich in die Runde. Dann geht er als Erstes zu Silke und begrüßt sie und erst danach jedes einzelne Kind.

Dieser Satz »Ich bin wieder da!« beinhaltet die Botschaft: »Ich bin wieder da für euch!« Das ist außerordentlich liebevoll und wertschätzend. Silke hat diese kleine Änderung gespürt und sagt Harald, dass sie diese Begrüßung wunderschön findet, noch schöner als die Begrüßung, mit der er vorher heimgekommen war.

Manchmal macht Harald es jetzt so und manchmal anders. Er weiß, dass er mit seiner Wortwahl die Qualität der Begrüßung und des Heimkommens beeinflusst.

Harald hat noch etwas entdeckt. Er stellt Silke nach dem Heimkommen inzwischen manchmal eine Frage. Er fragt sie: »Darf ich dir etwas Gutes tun? Ich kann dir zum Beispiel etwas zu trinken bringen oder dir den Nacken massieren!« Es ist gut, wenn dann ein Wunsch kommt, der leicht erfüllbar ist, wie zum Beispiel die beiden genannten Möglichkeiten.

Silke ist glücklich bei dieser Frage. Sie fühlt sich gesehen und geliebt. Manchmal fragt auch sie jetzt Harald: »Harald, du hattest einen langen Arbeitstag. Darf ich dir etwas Gutes tun?«

Ein solcher Umgang tut dem Paar gut. Und die Kinder, die ein solches Verhalten mitbekommen, bekommen damit etwas ganz Kostbares mit auf ihren Lebensweg, auch für ihre spätere eigene Partnerschaft.

Vom Danken

In einer Partnerschaft helfen beide Partner zusammen. Sie sind füreinander da und übernehmen ganz selbstverständlich bestimmte Aufgaben. Idealerweise schauen sie immer wieder neu, wie sie dem anderen eine Freude bereiten und ihm das Leben leichter und schöner machen können.

Auf die Dauer wird beiden vieles selbstverständlich. Keiner von beiden sieht dann mehr einen Grund dazu, dem anderen für das selbstverständlich Gewordene zu danken. Vielleicht sagt er gerade noch »Danke«. Doch kommt das »Danke« dann oft nicht mehr wirklich als ein gefühlter Dank an. Manchmal klingt es nur wie eine Floskel. Es ist einfach höflich, »Danke« zu sagen. Das hat jeder als kleines Kind so gelernt.

Viel wirksamer als das kurze »Danke« ist der vollständige Satz: »Ich danke dir.« »Danke« ist rein sprachlich gesehen tatsächlich der Rest dieses Satzes. Das Subjekt und das Objekt fehlen hier. Mit den beiden Personalpronomina »ich« und »dir« stellen Menschen wirksam den Kontakt zwischen sich und ihrem Partner her. So kann der Dank ihn auch erreichen.

Angenommen, Sie hätten den Briefkasten geleert und Ihrem Partner seine Post gebracht und vor ihm auf den Tisch gelegt. Was hören Sie lieber: »Danke!« oder »Ich danke dir!«?

Es ist interessant, wohin sein Blick bei den beiden Varianten geht. Bei »Danke!« schaut er mit großer Wahrscheinlichkeit gleich auf die Post. Und bei »Ich danke dir!« wird er vermutlich erst Sie anschauen. Daraufhin werden Sie sich gesehen und damit wertgeschätzt fühlen.

Wenn es in einer Partnerschaft Ärger und Verletzungen gibt, dann haben beide immer mit einem Mangel an gefühlter Wertschätzung zu tun. Mit einer hohen Wahrscheinlichkeit betrachtet einer der Partner oder auch beide etwas als selbstverständlich, was eben nicht selbstverständlich ist.

Dieter …

Dieter hat sich beispielsweise daran gewöhnt, dass seine Frau Bettina ihm die Hemden seit Jahren ganz exakt bügelt. Wenn ein Knopf fehlt, dann näht sie ihm diesen Knopf ganz selbstverständlich an. Dieter hat immer ausreichend gebügelte Hemden im Schrank hängen. Er braucht nur hineinzugreifen und kann sich ein Hemd seiner Wahl herausholen.

Seit einiger Zeit hat sich ein Ungleichgewicht eingestellt. Wenn er sein Lieblingshemd nicht findet und es noch in der Wäsche ist, dann fragt er seine Frau etwas unwirsch, wo es denn sei. Der Ton ist unangemessen. Sie gibt ihm dann ihrerseits eine patzige Antwort oder macht irgendwann später scheinbar unbegründet eine spitze Bemerkung in einem ganz anderen Kontext.

Dieter hat sich an den liebevollen Service seiner Frau gewöhnt und glaubt inzwischen, dass er ihn einfordern kann. Doch da täuscht er sich. Stattdessen ist ein Dank mehr als überfällig.

Dieser Dank kann so klingen: »Bettina, ich will dir einen herzlichen Dank sagen. Du bügelst mir seit Jahr und Tag meine Hemden. Du machst das ganz wunderbar exakt. Ich brauche nur in den Schrank zu greifen und kann mir jeden Tag ein sauberes, frisch gebügeltes Hemd herausholen. Ich danke dir dafür!« Ein solcher ehrlicher Dank stellt das Gleichgewicht von Geben und Nehmen wieder her.

Doch hat Dieter den Weg zu einem solchen Dank noch nicht gefunden. Vielleicht glaubt er: »Nicht geschimpft ist gelobt genug.« Doch reicht das eben nicht. Es ist wichtig, den Dank zu formulieren und ihn wirklich auszusprechen.

... und Bettina
Bettina ist zunehmend ärgerlich auf ihren Mann Dieter. Es ist wichtig, dass sie ihm dies sagt, bevor sie noch mehr Ärger ansammelt und in sich hineinfrisst. Dann können sie miteinander reden, und Bettina kann Dieter sagen, was sie sich wünscht, oder auch, was ihr fehlt.

Gleichzeitig kann sie sich fragen, ob sie ihrem Mann für etwas noch nicht gedankt hat. Mit Sicherheit hat auch er regelmäßig etwas für sie beide oder für ihre Familie gemacht, und sie hat es noch nicht ausreichend gewürdigt. Vielleicht mäht er regelmäßig den Rasen, obwohl er daran nicht wirklich Spaß hat. Mit einem solchen Dank wandelt Bettina ihren eigenen Blickwinkel.

Der Dank kann dann so klingen: »Dieter, ich will dir einmal ein großes Dankeschön sagen. Du mähst seit Jahren regelmäßig unseren Rasen. So sieht unser Garten immer schön und gepflegt aus. Ich danke dir dafür!«

Für viele Menschen ist es neu, den Dank in dieser Form auszusprechen. Und doch tut er gut. Es ist möglich, dass Bettinas Dank ansteckend ist und sich daraus weiterer Dank entwickelt. Es kann sein, doch muss dies nicht sein. Es ist egal, wer in einer Ehe oder Partnerschaft als Erster mit dem Dank anfängt. Es fängt einfach derjenige an, dem Dank wichtig ist.

Dort, wo Menschen eine Kultur des Dankens pflegen, fühlen sich alle Beteiligten wohl und wertgeschätzt. Der Dank tut dem Angesprochenen gut. Noch viel stärker wirkt er auf den Dankenden selbst. Er macht etwas mit seiner inneren Haltung. Mit dem Danken entwickelt sich mit der Zeit eine innere Haltung der Dankbarkeit. Sie schenkt Ruhe und Gelassenheit.

Zwei Menschen, die einander lieben und die einander viel geben, haben reichlich Grund und Anlass, einander täglich neu zu danken. Es ist eine Wohltat für beide.

Übung

Täglich gibt es etwas, wofür Sie Ihrer Partnerin oder Ihrem Partner danken können. Vieles wird mit der Zeit selbstverständlich. Doch ist es dies nicht.

Wofür können Sie Ihrer Partnerin oder Ihrem Partner heute danken? Es kann etwas ganz Kleines sein oder auch einmal etwas Großes. Das Leben besteht aus vielen Kleinigkeiten. Nutzen Sie sie immer wieder für einen Dank.

Ich ermuntere Sie, häufig zu danken und die innere Aufmerksamkeit täglich neu auf das zu lenken, wofür Sie dankbar sind. Das führt zu einer Grundhaltung, die Glück und Erfüllung einlädt. Das ist ein Jungbrunnen für jede Partnerschaft.

Zum Thema Danken gibt es zwei Karten im Kartensatz »Die Kraft der Sprache – 80 Karten für den täglichen Sprachgebrauch«. Hier können Sie sich weitere Übungsmaterialien holen.

Wohlfühl-Wörter erzeugen ein wohliges Gefühl

Wörter haben eine Wirkung. Jedes Wort wirkt und schafft Wirklichkeit. Jedes Wort gleicht einem Samenkorn, das wir wie ein Bauer in die Erde legen. Es braucht Licht und Wasser, und dann wird es irgendwann aufgehen. In der Folge werden wir das erleben, was wir mit diesem Wort meinen.

Wir können mit Wörtern bewusst Wohlgefühl schaffen

und bestärken. Wohlfühl-Wörter machen gute Laune und laden mehr von dem ein, was uns gerade guttut. Es liegt an jedem selbst, mit welchem Wohlfühl-Wort er sich gerade umgeben und befassen will.

Vielleicht geben Ihnen die Wörter »Humor« und »Schönheit« ein gutes Gefühl und lassen Sie spontan lächeln. Vielleicht lassen Sie auch andere Wörter strahlen: »genießen«, »erlauben«, »Leichtigkeit«, »Geborgenheit« und viele hundert andere Wörter.

Unser Kartensatz »Die Kraft der Sprache« ist eine wahre Fundgrube für solche Wörter. Er greift übliche Redewendungen auf und bietet dafür wohltuende sprachliche Alternativen an. Die Lösungsangebote enthalten zahlreiche Wörter, die Sie für sich als Wohlfühl-Wort herausgreifen können.

Wenn Sie stattdessen lieber würfeln, dann können Sie sich mit unseren Wunsch-Würfeln schöne Wörter erwürfeln. Sie können sich oder Ihrem Partner das wünschen, was darauf steht. Dann wünschen Sie ihm Lachen, Humor, Leichtigkeit, Ruhe oder was immer der Würfel anzeigt.

Wie Sie sehen, gibt es viele wertvolle Möglichkeiten, ein gutes Klima zu schaffen, in dem sich beide Partner so richtig wohlfühlen. Jede einzelne Anregung hat eine ganz eigene Wirkung und trägt wohltuend zur Gesamtsituation bei.

An einem solchen Ort und bei einem solchen Klima können Menschen auftanken. Sie fühlen sich sicher und können loslassen. So können sie ihr Leben und ihre Zweisamkeit genießen.

Auf dieser Grundlage und bei diesem Rahmen können und wollen Menschen sich weiterentwickeln. Sie können aufmachen und ihr Potential entfalten. Das kommt jedem Einzelnen und vor allem beiden als Paar zugute.

Übung

Wollen Sie sich gemeinsam mit Ihrem Partner für die nächste Woche ein Wohlfühl-Wort auswählen und es in Sätze einbauen?

Das Wohlfühl-Wort kann immer wieder ein anderes, neues Wort sein oder eines, das Sie gern immer wieder in den Blick rücken. Ich garantiere Ihnen schöne Erfahrungen, denn jedes Wort wirkt!

6. Miteinander wachsen

Sich in die Liebe fallen lassen

Die Liebe überrascht Menschen manchmal völlig unerwartet. Sie verlieben sich ineinander und haben das große Bedürfnis, möglichst viel und möglichst nah zusammen zu sein. Im Englischen heißt »verlieben« ganz sinnig »to fall in love«. Die beiden fallen in die Liebe, sie lassen sich in die Liebe fallen. Sie haben eine große Sehnsucht nacheinander. Das Wort »Sehnsucht« enthält das Wort »sehnen«. Sie nehmen den Bogen und sehnen sich selbst: Sie spannen die Sehne und lassen sich von ihr davontragen zu ihrem oder ihrer Liebsten.

Sie öffnen ihr Herz der Liebe. Sie können gar nicht anders. Es geschieht ihnen. Und das ist ein wunderbares Geschenk. Sie sehen die Stärken des anderen. Sie sehen seine Schönheit und sind hin und weg. Sie sehen nur die Stärken und ahnen das Potential, das der andere in sich trägt. Sie nehmen einander so an, wie sie sich sehen und wahrnehmen.

Sie haben beide das tiefe Gefühl, dass sie zusammengehören. Sie sind erst dann wirklich ganz und vollständig, wenn sie zusammen sind. Sie spüren tief in ihrem Innersten, dass 1 + 1 mehr ist als 2. Sie sind erst gemeinsam ganz.

Die Zeit der ersten Liebe ist in jedem Alter ein Geschenk. In dieser Zeit können Menschen einige grundlegende wichtige Erfahrung machen. Sie können sie in ihr weiteres Leben mitnehmen und sich immer wieder daran erinnern. Auch später können sie vieles wieder genau so machen wie damals, zur Zeit der ersten Liebe.

Als Erstes nenne ich den Gebrauch des Vornamens. Es ist wirklich bemerkenswert, wie oft verliebte Menschen sich mit ihrem Namen oder ihrem Kosenamen ansprechen und wie oft sie bei anderen von ihm sprechen und dabei natürlich immer wieder den Namen des geliebten Menschen gebrauchen. Sie lassen kaum eine Gelegenheit aus, dies zu tun.

Dies tut beiden gut. So streicheln sie einander mit Wörtern und ganz speziell mit ihrem Namen. Dabei klingt der Name immer durch und durch liebevoll.

Die nächste Besonderheit aus der Zeit der ersten Liebe ist der Umgang mit den Schwächen des anderen. Verliebte Menschen mäkeln niemals an dem Menschen herum, den sie so innig lieb haben. Sie können seine Schwächen ertragen. Sie gehören ganz einfach zu ihm. Sie verurteilen ihn deswegen nicht. Er ist in Ordnung so, wie er ist. Und damit hat es sich.

Ein Beispiel für eine solche Schwäche äußert sich in der offenen Zahnpasta-Tube. Das ist bei Jungverliebten eine vielleicht lästige Kleinigkeit. Sie spielt jedoch keine wirkliche Rolle.

In späteren Jahren kann dies ganz anders sein. Schon mancher eheliche Streit hat sich im Badezimmer entzündet, und zwar genau an Situationen wie der genannten offenen Zahnpasta-Tube. Dann heißt es schnell: »Immer lässt du die Zahnpasta-Tube offen! Kannst du sie nicht einmal zumachen? Die trocknet sonst aus!!« Natürlich weiß jeder, dass die Zahnpasta davon austrocknet. Es ist ja auch nicht böse gemeint, dass die Zahnpasta-Tube offen bleibt. Es ist einfach »nur« eine Schusseligkeit. Natürlich ist dies auch ein Mangel an Achtung vor demjenigen, dem die geschlossene Zahnpasta-Tube wichtig ist.

In einer solchen Situation gibt es zwei Möglichkeiten. Die eine lautet Zank und Vorwurf. Damit haben wir Streit und schlechte Stimmung für eine ganze Weile. Die andere liegt in einer großzügigen Haltung der Jungverliebten. Sie lassen aus einer solchen Kleinigkeit nie einen Streit entstehen. Sie nehmen die Zahnpasta-Tube und drehen sie stillschweigend zu. Bei Gelegenheit werden sie sagen: »Karin, ich habe heute Morgen die Zahnpasta-Tube zugedreht. Mein Schatz, bitte drehe beim nächsten Mal die Zahnpasta-Tube selbst zu!« Dem folgen ein Streicheln und ein Küsschen. Bestimmt machen sie kein großes Aufheben darum, wenn die Tube wieder offen sein sollte. Je nach Situation werden sie die Tube wortlos zudrehen und nichts sagen. Oder sie werden ihren Schatz wieder darauf aufmerksam machen und sich beispielsweise sagen: »Karin ist eben so. Daneben hat sie viele, viele Stärken.« Und diese Stärken sehen die Jungverliebten hauptsächlich.

Es gibt noch eine dritte Besonderheit bei verliebten Menschen: Sie zeichnen sich durch eine schier unglaubliche Dynamik aus. Menschen, die sich ganz der Liebe öffnen, sprühen vor Lebenskraft und Lebensfreude. Sie sind enorm leistungsfähig und strotzen vor Gesundheit. Sie sind auch gegen Erkältungskrankheiten schier immun. Und sie sind voll von Plänen und Träumen.

In der ersten Zeit der Liebe erleben wir, wie unser Leben sein kann, wenn wir uns ganz dem Partner zuwenden und ihn so annehmen, wie er ist. Wir spüren in dieser Zeit die Kräfte der Träume und Pläne und sind wie beflügelt. Wir tragen ganz wörtlich Flügel und fliegen gemeinsam durchs Leben. Wir strahlen vor Glück. Nur gemeinsam können zwei liebende Menschen solche Höhenflüge machen und gleichzeitig gut geerdet bleiben.

Die erste Zeit der Liebe weist uns auch für später den Weg. Es liegt an jedem Einzelnen, auf diesem Weg weiterzugehen und sich schließlich tief und innig zu lieben. Weit tiefer und größer, als dies in der ersten Phase der Verliebtheit möglich ist.

Einander vertrauen

Wenn Menschen einander vertrauen, dann fühlen sich beide bei ihrem Partner oder ihrer Partnerin rundherum sicher und geborgen. Dann können sie sich einander öffnen und sich so zeigen, wie sie wirklich sind. Sie brauchen sich gegenseitig nichts vorzumachen.

Diese Formulierung ist vielsagend: Wenn jemand einem anderen etwas vormacht, dann stellt er etwas vor sich und kann sich dahinter verbergen. Er täuscht den anderen gleichsam. Menschen, die einander vertrauen, können sich jedoch wahrhaftig und ungeschminkt zeigen.

Vertrauen ist in unserer Gesellschaft ein hoher Wert. Das Wort »Vertrauen« wird oft gebraucht, ohne dass wir ehrlich und bewusst »Vertrauen« meinen. Da heißt es beispielsweise: »Wir müssen das Vertrauen des Kunden gewinnen«, oder: »Vertrauen Sie mir!« Es gibt zahlreiche Sätze, in denen wir das Wort »Vertrauen« benutzen können oder benutzen könnten. Es stellt sich nur immer wieder die Frage, ob das »Vertrauen« auch Teil der aktiven Sprache eines Menschen ist und, wenn ja, wie er es gebraucht.

Das Wort »Vertrauen« setzt sich aus der Vorsilbe »ver-« und dem Wort »trauen« zusammen. »Trauen« wiederum leitet sich ab von »treu«. Dieses bedeutete ursprünglich »stark, fest wie ein Baum«. Das Vertrauen geht einher mit Treue und mit Stärke.

Im Vertrauen liegt eine große Kraft. Menschen, die einander vertrauen, können aneinander einen starken Halt finden. Es ist wichtig, diesem kraftvollen Wort bewusst Raum in der eigenen Sprache zu geben.

Ähnlich kraftvoll ist das Wort »glauben«. Auch hier eröffnet der Blick auf die Wortgeschichte eine großartige Weite und Tiefe. »Glauben« leitet sich ab von dem germanischen

Wort »ga-laubjan«. Es bedeutete »für lieb halten, gutheißen« und gehört zu der weit verzweigten Wortgruppe rund um das Wort »lieb«. Im Englischen ist der Zusammenhang mit dem Wort »Liebe« deutlich in dem Wort »believe«, was auch »glauben« bedeutet.

Nehmen wir das »Glauben an einen Menschen« wörtlich, dann heißen wir ihn gut und lieben ihn so, wie er ist. Wir sehen das Gute in ihm, und wir sehen das Gute, das ein Mensch bewirkt oder einmal bewirken kann.

Aus dieser Sichtweise entsteht mit der Zeit eine innere Haltung. Es ist die innere Haltung, die an den anderen glaubt und ihm etwas zutraut.

Dort, wo zwei Menschen einander vertrauen und aneinander glauben, da entsteht ein wunderbares Klima. In diesem Klima können sie miteinander wachsen und miteinander Schönes hervorbringen.

Die Stärken sehen

Liebende, glückliche Paare haben den Blick mehr bei den Stärken ihres Partners als Paare, die sich häufig streiten. Es ist also ganz offensichtlich eine Frage des Blickwinkels, wo sie hauptsächlich hinschauen.

Aus der Physik wissen wir, dass die Energie der Aufmerksamkeit folgt. So ist es auch mit den Wörtern. Je mehr wir von den bereits entwickelten und auch von den noch wenig entwickelten Stärken sprechen, desto mehr Energie bekommen diese Stärken generell. Desto mehr können sie wachsen.

Das Umgekehrte gilt auch: Je mehr wir von den Schwächen sprechen, desto mehr Raum werden sie in der Folge einnehmen und desto schlimmer wird manches. Es ist wichtig, eine Schwäche anzusprechen und danach den Blick nach vorne zu lenken und zu schauen, was als Nächstes zu tun ist.

Selbstverständlich ist es wichtig, auch die Schwächen zu sehen und ehrlich anzusprechen. Doch soll dies in Maßen geschehen. Die beiden Partner tun gut daran, beim anderen viel häufiger auf die Stärken zu schauen als auf seine Schwächen. Etliche dieser Stärken haben die beiden Partner bei sich schon erkannt und auch entwickelt. Andere haben sie noch nicht als solche erkannt und schätzen sie gering.

Oftmals erkennt ein Mensch eine Stärke bei sich selbst gar nicht als solche. Es kommt ihm möglicherweise als völlig normal vor, dass er so singt, wie er singt, und dass er im eigenen Haus handwerklich vieles zuwege bringt. Oder er hat als Kind gehört, dass er sich darauf bloß nichts einbilden soll, dass er beispielsweise besonders schön zeichnet. So schätzt er dann als Erwachsener seine Stärke nicht und macht folglich auch nichts daraus.

Generell ist alles eine potenzielle Stärke, was jemand gern und oft macht, oder auch, was er gern machen würde. Beim wiederholten Üben wird er immer besser und besser, einfach aus der puren Freude am Tun heraus. Damit entwickelt er dann seine Stärke immer weiter und wird natürlich immer besser und besser.

Es ist hilfreich, wenn in einer Partnerschaft die beiden Partner einander das sagen, was sie am anderen schätzen, und welche Stärken sie bei ihm sehen. Dadurch sehen sie mehr und mehr das Potential im anderen. Das macht etwas mit ihrem eigenen Blickwinkel auf den Partner. Gleichzeitig lernen sie durch dessen Rückmeldungen auch, ihr eigenes Potential zu sehen und zu schätzen.

Die meisten Menschen können viel leichter ihre Schwächen als ihre Stärken benennen. Sie kennen ihre Stärken oftmals gar nicht. Doch können sie sie erst dann fruchtbringend in ihre Partnerschaft einbringen und auch darüber hinaus in ihr weiteres Umfeld, wenn sie sie selbst erkannt haben und andere daran teilhaben lassen.

Der chronische Blick auf die Fehler und auf die Schwächen hat etwas mit unserer Gesellschaft zu tun. Das ist eine grundlegende Erfahrung während der gesamten Schulausbildung. Und auch noch nach der Ausbildung muss jeder berufliche Neuling angeben, welche Stärken er hat und auch welche Schwächen. Warum darf er nicht einfach nur seine Stärken benennen und danach sagen, was er bei sich noch weiterentwickeln will?

In einer Partnerschaft können die beiden Partner sich mit dem konsequenten Blick auf die Stärken eine völlig neue Erfahrung gönnen. Diese Vorgehensweise wird beiden guttun. Damit wird viel bislang gebundenes Potential frei. Darüber hinaus leistet das Paar damit einen scheinbar kleinen Beitrag zu einem Umdenken in unserer Gesellschaft. Jeder kann bei sich selber anfangen. Es sind gerade die kleinen Schritte, die eine große Wirkung haben.

Andreas

Andreas kam zu uns, als er spontan eher die Schwächen seiner Partnerin benennen konnte als ihre Stärken. Wie es in einer solchen Situation zu erwarten ist, hatten sie Spannungen. Vieles hatte sich über die Jahre aufgestaut und war nicht besprochen worden, wie er es formulierte.

Ich sagte zu Andreas: »Ich habe jetzt bereits drei Schwächen deiner Frau erfahren. Bitte nenne mir eine Stärke, die du an ihr schätzt!« Er wusste anfangs überhaupt nicht, was er sagen sollte. Auf meine Nachfrage hin sagte er, dass er auch bei sich leicht Schwächen nennen kann, davon habe er genügend. Stärken wollte er nicht formulieren. Das empfand er als peinlich. Das kam ihm komisch vor.

Ich ermunterte ihn, für den Moment nur eine einzige Eigenschaft oder Fähigkeit zu nennen, die er an seiner Frau schätze. Das sollte etwas sein, was er an ihr gut fand. Andreas fand etwas: »Meine Frau kann gut Gelegenheitsgedichte machen. Da ist sie wirklich eine Meisterin. Bei jeder Familienfeier schüttelt sie etwas Nettes aus dem Ärmel. Damit kommt sie immer gut an. Und wir haben immer gleich ein Geschenk dabei. Das ist praktisch.« Auf einmal lachte er.

Dann bat ich ihn, eine Frau aus der Gruppe anzusprechen und ihr genau das zu sagen. Er ließ sich auf diese Übung ein. Er wählte jemanden etwa im Alter seiner Frau und sprach sie an. Das klang dann so: »Du kannst gut Gelegenheitsgedichte machen. Da bist du wirklich eine Meisterin. Bei jeder Familienfeier schüttelst du etwas Nettes aus dem Ärmel. Damit kommst du immer gut an. Damit haben wir immer gleich ein Geschenk dabei. Das ist praktisch.«

Bei dieser Übung konnte Andreas ausprobieren, wie diese Botschaft bei der angesprochenen Frau ankommt. Und er bekam eine Rückmeldung, wie diese Botschaft auf ihn selber wirkt und was sie mit seiner Ausstrahlung macht.

Nach anfänglichem Zögern strahlte er und fand diese Übung großartig. Er hatte nicht für möglich gehalten, dass er mit diesem Hervorheben einer scheinbaren Nebensächlichkeit selbst so deutlich gewinnen würde.

Andreas hatte damit einen Schatz gefunden. Er setzte die Erkenntnis in die Tat um und begann, auf die Stärken seiner Frau zu achten und sie innerlich zusammenzutragen. Zu seinem großen Staunen fand er immer wieder neue Stärken. Er hatte zunehmend Freude daran.

Er begann damit, seiner Frau hier und da bewusst etwas zu sagen, was er an ihr schätzte. Sie fand das einfach nur wunderbar und freute sich. Nach einiger Zeit begann auch sie, ihm zu sagen, was sie an ihm schätzte. Beide entwickelten schrittweise eine neue Kultur des Zusammenlebens. Sie sind dabei beide spürbar gewachsen. Das Wandeln der inneren Einstellung hat ihnen beiden und auch ihrer Partnerschaft sichtlich gutgetan.

Andreas fragte sich einmal, warum er nicht schon viel früher in dieser Weise auf die Stärken seiner Frau geschaut und sie benannt hatte. Ihm wurde schmerzlich bewusst, dass er seinerseits in seinem Leben kaum jemals diese Form der Zuwendung erfahren hatte. Und so hatte er es nicht weitergeben können. Umso glücklicher war er, dass er mit dem achtsamen Umgang mit der Sprache für sich und seine Frau neue Möglichkeiten gefunden hatte. Er nutzt sie seitdem nach Herzenslust.

Übung

Haben Sie Lust auf eine Schatz-Sammlung?

Tragen Sie zwanzig Stärken zusammen, die Sie an Ihrem Partner sehen. Sagen Sie ihm, welche Stärken Sie bei ihm sehen. Dann kann er seine Stärken mehr und mehr einschätzen und dann auch etwas aus ihnen machen.

Egal ob Sie allein damit beginnen oder ob Sie gemeinschaftlich die Stärken des jeweils anderen entdecken und benennen: Beobachten Sie bitte mit einem liebevollen Blick, was in der Folge in Ihrer Partnerschaft und auch bei Ihnen selbst geschehen wird.

Einander annehmen

So mancher Partner wünscht sich, dass die Partnerin ein wenig anders wäre, als sie ist. Sie sollte am besten etwas ordentlicher sein oder etwas verständnisvoller oder dynamischer.

Die Liste der möglichen Wünsche ist lang. Und wer kennt sie nicht, diese offenen oder geheimen Wünsche?

Diese Wünsche beginnen, wenn ein Paar schon eine Weile beieinander ist. Solange ein Paar verliebt ist, sieht es über manches hinweg; ja, die beiden Partner nehmen manche Charakterseite noch gar nicht einmal wahr, an der sie sich später einmal reiben werden.

Je näher sich zwei Menschen kennenlernen, desto mehr werden sie ihre Stärken und auch ihre Schwächen erkennen. Nach der ersten Verliebtheit folgt eine Phase, in der es darum geht, sich selbst und den anderen so anzunehmen, wie wir sind, mitsamt den Schwächen, die wir inzwischen aneinander entdeckt und erkannt haben.

Beide werden deutlich sehen, in welchen Bereichen sie noch etwas dazuzulernen haben. Dabei ist es für beide immer leichter, die Schwächen des anderen zu erkennen als die eigenen. So ist das, und das ist normal. Dafür sind die beiden zu zweit. Sie können sich gegenseitig auf die Stärken und auch auf die Schwächen aufmerksam machen. Sie können miteinander und auch aneinander wachsen. So kann sich aus der ursprünglichen Verliebtheit allmählich eine tiefe Liebe entwickeln.

Es ist wunderbar, wenn zwei Menschen sich miteinander entwickeln und miteinander wachsen. Es ist nicht immer einfach, doch wundervoll – voller Wunder.

Unbewusste Liebesbeweise

Wenn wir anfangen, beim anderen die Schwächen zu sehen, dann heißt das auch noch etwas: Wir fangen an, uns einander so zu zeigen, wie wir wirklich sind. Das geht nur, wenn wir einander vertrauen und uns beim anderen rundherum sicher fühlen. Erst dann können die Schwächen wirklich sichtbar werden.

Bisweilen benimmt sich ein Mann oder eine Frau gerade bei dem Menschen ganz schrecklich, der ihr bzw. ihm am allermeisten bedeutet. Er oder sie würde sich bei keinem anderen Menschen so benehmen wie gerade hier. Ein solches Verhalten kommt bisweilen nach ein bis zwei Jahren das erste Mal vor. Es kann auf einer tiefen Ebene bedeuten: »Ich fühle mich von dir angenommen. Hier darf ich so sein, wie ich ganz tief in mir auch noch bin. Ich liebe dich und ich vertraue dir. Ich zeige mich dir mit allen meinen Schattenseiten! Bitte nimm ich auch so!«

So gesehen ist ein solches Missverhalten ein unbewusster Liebesbeweis! Diese Sichtweise macht es leichter, mit einer Schwäche angemessen umzugehen. Doch heißt dies nicht, dass jeder sich einfach so benehmen darf, wie er will, und seinen Schwächen freien Lauf lässt.

Das Gegenteil gilt: Jeder Mensch hat Schwächen. Und jeder Mensch kann an seinen Schwächen arbeiten und sie schrittweise mildern und am besten mit der Zeit ganz hinter sich lassen.

Eigenes Ablehnen macht jegliche Entwicklung schwer
Dabei spielt unsere eigene Haltung eine wesentliche Rolle. Es kommt darauf an, ob wir primär etwas loswerden oder ob wir primär etwas entwickeln wollen. Solange wir als nachteilig empfundene Eigenschaften loswerden wollen, lehnen wir sie ab. So werden wir sie nicht los. Ganz im Gegenteil geben wir ihnen dadurch zu viel Energie. Damit werden sie immer größer und ausgeprägter. Ablehnung ist das stärkste Bindeglied überhaupt.

Sobald wir auf das Ziel achten und dieses anstreben, können wir es erreichen. Es liegt vor uns. Doch müssen wir vorher das Ablehnen beenden. Dieses Wort zeigt ganz bildlich, was ein Mensch macht, der etwas oder jemanden ablehnt. Er klebt förmlich an dem, was er ablehnt. So bleibt er ein Gefangener dessen, was er ablehnt.

Der Schlüssel ist das Annehmen. Es ist das Gegenteil des Ablehnens. Vielleicht wird er noch die Entdeckung machen, dass er etwas aus dem lernen kann, was er vorher abgelehnt hatte. Dann kann daraus ein Geschenk werden.

Wer beispielsweise die Unordnung des Partners vehement ablehnt, der lädt weitere Unordnung und weitere unordentliche Menschen in sein Leben ein. Damit wird alles noch schlimmer. Vielleicht ist er selbst das krasse Gegenteil, nämlich pedantisch und korrekt bis ins kleinste Detail. Dann ist es an der Zeit, dass er sein eigenes Verhalten ändert und sich mäßigt. Auf dieser neuen Basis wird für beide Partner alles viel einfacher sein.

Die Verhaltensweise des Partners oder der Partnerin hat oft direkt etwas mit dem eigenen Verhalten zu tun. Nicht immer ist nur der andere der Schuldige. Möglicherweise haben eigene Fehler einen Beitrag dazu geleistet, dass der andere sich so benimmt, wie er sich benimmt. Und »Fehler« heißt nichts anderes, als dass etwas gefehlt hat. Denn davon leitet sich das Wort »Fehler« ab: Oftmals hat in der Kommunikation etwas gefehlt. Solche Fehler lassen sich leicht beheben, wenn beide Partner wissen, auf was sie achten können.

Je mehr die beiden Partner bereit sind, einander so anzunehmen, wie sie sind, und daraus zu lernen, desto leichter machen sie es dem anderen und auch sich selbst, sich weiterzuentwickeln.

Die Sprache hilft dabei, eine solche annehmende, wohlwollende Haltung zu entwickeln. Ich nenne Ihnen dafür zwei Aspekte. Der eine hat etwas mit einem einzelnen Wort zu tun und der andere mit einem Element der Grammatik.

»Annehmen«

Die meisten Menschen gebrauchen das Wort »annehmen«. Sie gebrauchen es auf unterschiedliche Weise und auch in seinen beiden unterschiedlichen Bedeutungen.

»Annehmen« hat wie viele andere Wörter in unserer Sprache zweierlei Bedeutungen. Wir können beispielsweise sagen: »Ich nehme an, dass der Weg weit ist.« Dann bringen wir mit dem Verb »annehmen« eine Vermutung zum Ausdruck: Wir vermuten, dass der Weg weit ist. Die andere Bedeutung ist die des Zustimmens, des Einverstanden-Seins: »Ich nehme es an, dass der Weg weit ist.« Wir geben damit unser Einverständnis.

Bei den beiden unterschiedlichen Bedeutungen sind die Gestik und Mimik unterschiedlich. Bei der Bedeutung der Vermutung ist die Gestik fragend. Dies zeigt sich im Gesicht und auch in der Bewegung der Hände und Schultern. Ganz anders ist das bejahende Annehmen. Hier legen manche Menschen eine Hand aufs Herz oder sie öffnen beide Hände und Arme, als ob sie einen vollen Korb in Empfang nähmen.

Es ist immer aufschlussreich, in welchem Sinn jemand das Wort »annehmen« hauptsächlich gebraucht.

Das Wort »annehmen« ist interessant, wenn wir auf das gezielte Entwickeln einer bejahenden Grundhaltung blicken. Diese Grundhaltung ist die Basis, auf der zwei Menschen einander von Herzen so annehmen können, wie sie sind.

Dafür ist es ratsam, das Wort »annehmen« vor allem in seiner bejahenden Bedeutung zu gebrauchen und es in die aktive Sprache aufzunehmen. Wer es bewusst gebraucht, der stärkt damit seine bejahende Grundhaltung. Jeder Mensch kann mit seinem Wortschatz gezielt Einfluss nehmen auf seine mentalen Strukturen.

Das Wort »annehmen« in seiner bejahenden Bedeutung fördert das eigene Annehmen des Partners ohne Wenn und

Aber. Er ist als Mensch in Ordnung, wie er ist. Auf der Grundlage dieser bejahenden Lebenseinstellung sind klärende Gespräche und gute Lösungen einfach.

Jakob

Jakob hatte ein Schlüsselerlebnis mit dem Wort »annehmen«. Bei ihm ging es nicht direkt um ein partnerschaftliches Thema. Bei ihm ging es primär um seinen Kontakt zu seinem jüngsten Bruder. Doch wirkte sich die Erkenntnis, die er dabei gewann, letztlich auch auf seine Ehe vorteilhaft aus.

Als ich im Seminar vom »Annehmen« sprach, meldete er sich spontan zu Wort: »Ich leide schon lange unter meinem jüngsten Bruder. Er bedeutet für mich eine immer wiederkehrende Herausforderung. Ich bin ja schon froh, dass ich beim Akzeptieren angekommen bin!« Dabei verschränkte er spontan seine Arme und auch seine Beine.

»Das war sicher schon ein großer Schritt. Kannst du dir vorstellen, noch einen kleinen, jedoch bedeutsamen Schritt weiter zu gehen?« Jakob war vorsichtig: »Ja, mal schaun!«

»Ich biete dir dafür zwei unterschiedliche Formulierungen an. Du kannst sie ausprobieren. Ich werde dich danach fragen, wie es dir mit den beiden Varianten geht. Du brauchst dabei nicht in die alten, belastenden Geschichten hineinzugehen. Es geht vordergründig nur um zwei unterschiedliche Wörter!«

Jakob lachte: »Okay! Ich will das ausprobieren! Und was soll ich machen?« Dann leitete ich ihn an: »Ersetze probeweise das Wort ›akzeptieren‹ durch ›annehmen‹. Sag bitte einmal: ›Ich akzeptiere meinen Bruder so, wie er ist.‹ Und danach sage bitte: ›Ich nehme meinen Bruder so an, wie er ist.‹«

Jakob ließ sich auf die Übung ein und sagte die beiden Sätze. Dann fragte ich ihn: »Hast du Bilder?« »Bei dem Satz mit dem Akzeptieren habe ich kein Bild. Da habe ich so etwas wie ein Denk-Bild, wenn es so etwas gibt. Bei dem Satz mit dem Annehmen habe ich ein versöhnliches Bild. Da öffne ich in meiner Vorstellung meine Haustüre und lasse den Bruder ein.«

Jakob war glücklich mit dem Wort »annehmen«. Er mochte es. Ich empfahl ihm, es im bejahenden Sinn bewusst in seine aktive Sprache aufzunehmen und es in vielerlei Situationen im privaten und beruflichen Kontext zu gebrauchen. Dabei kündigte ich ihm an, dass der Kontakt zu seinem jüngsten Bruder auf diesem Weg mit einer großen Sicherheit deutlich besser werden würde.

So kam es denn auch. Bei Jakob entwickelte sich wie von selbst in den nächsten wenigen Wochen allein durch den bewussten Umgang mit dem Wort »annehmen« diese bejahende Grundeinstellung.

Dann kam er wieder zu uns. Er berichtete uns von seinen Erfahrungen mit dem Wort »annehmen«. Er hatte es gleich in seine aktive Sprache aufgenommen und gebrauchte es immer wieder, wenn es gerade gut passte. Bei einer Besprechung sagte er jetzt beispielsweise: »Diese Anregung kann ich so annehmen.« Meiner Empfehlung folgend gebrauchte er das Wort »annehmen« in der zustimmenden Bedeutung jeden Tag mindestens zweimal beim Sprechen oder in E-Mails. Er beobachtete aufmerksam, was danach in seinem Leben geschah.

Dieses bewusste Annehmen hat sich weitreichend auf seine innere Haltung ausgewirkt, im Kontakt mit seinem Bruder, im beruflichen Bereich und auch in seiner Ehe. Er konnte seine Frau jetzt noch mehr so annehmen, wie sie ist. Er sah noch mehr all das Schöne und Gute, was sie in ihre Ehe mitbrachte. Er empfand ein tiefes Glück und jubelte: »Alles hat mit einem einzigen Wort begonnen: mit ›annehmen‹! So etwas Wunderbares!«

Eine bejahende Grundhaltung entwickeln

Wir sind weiterhin bei der so zentralen Frage, wie wir einander und uns selbst noch besser annehmen können. Mit dem Blick darauf betrachte ich nun die Bedeutung und Wirkung eines Aspekts aus der Grammatik. Es geht um die Negationen.

Das Wort »Negation« leitet sich vom lateinischen »negare« ab. Das bedeutet »verneinen«. Negationen sind in der Alltagssprache weit verbreitet. Dazu gehören alle Formulierungen mit »nicht«, »kein« und auch solche mit der Vorsilbe »un-« und der Nachsibe »-los«.

Es tut sich hier ein weites Feld auf. Eine von Verneinungen geprägte Sprache ist eine verneinende Sprache. Sie lenkt das Denken und die Aufmerksamkeit in die Richtung, in die ein Mensch nicht gehen oder denken will.

Das Ziel ist es, in einem ersten Schritt ein Bewusstsein für die so weit verbreiteten Verneinungen zu wecken. In einem zweiten Schritt gilt es dann, daraus eine bejahende Sprache zu entwickeln und mit ihr eine bejahende Grundhaltung. So fördert sie eine ressourcenorientierte Einstellung und mit ihr auch eine solche Handlungsweise.

Eine solche bejahende Sprache wirkt sich segensreich auf eine Partnerschaft aus. Mit der damit gewonnenen inneren Haltung wird es für beide Partner mehr und mehr selbstverständlich, das zu sehen und anzuerkennen, was jeder mitbringt, und dann etwas Gutes daraus zu machen.

Es ist eine lohnende Aufgabe, der Reihe nach verneinende Formulierungen in der eigenen Sprache zu erkennen und zu wandeln. Als Folge davon wird das Leben spürbar einfacher und fröhlicher. Sowohl das Wandeln der Sprache selbst als auch die Auswirkungen bereiten Freude.

Es gibt zahlreiche Beispiele für Negationen. Dazu gehören beispielsweise all die liebevoll gemeinten Hinweise, was der

Partner alles nicht vergessen soll: »Vergiss den Schlüssel nicht!«, oder: »Vergiss nicht, auf dem Heimweg beim Bäcker vorbeizufahren!«

Sie können ziemlich sicher sein, dass Ihr Partner genau das vergisst. Dabei ist die Aufforderung, beim Bäcker vorbeizufahren, sowieso merkwürdig. Soll er wirklich beim Bäcker vorbeifahren? Oder soll er dort lieber stehen bleiben und hineingehen? Mit dem Blick auf die gelungene Kommunikation sind die Negationen eine besonders ergiebige Quelle für Fehlinformationen und Fehlreaktionen.

Noch bedeutsamer ist die Wirkung der häufigen Negationen auf den Sprecher selber. Wer sie gewohnheitsmäßig gebraucht, der denkt und handelt aus einer inneren Haltung der Negation heraus. Er sagt primär das, was nicht ist oder nicht sein soll.

Das Gegenstück zur Negation ist die Position. »Position« leitet sich ab vom lateinischen »ponere« mit der Bedeutung »setzen, stellen, legen«. Wer gewohnheitsmäßig aus einer Negation heraus denkt, der kann im Leben nur schwer eine klare Position einnehmen und halten. Wer dagegen eine bejahende Sprache spricht, der stärkt damit auch seinen Stand.

Das Wandeln der Negationen lockert verkrustete Denkstrukturen und macht ein Umdenken leicht. Auf einmal tut sich ein von Möglichkeiten und Chancen geprägtes Lebensgefühl auf. Das, was Sie vorher an Ihrem Partner vielleicht noch geärgert hat, erscheint nun möglicherweise in einem neuen Licht.

Vielleicht meinen Sie eine Zeit lang, Sie hätten eine Großbaustelle im Gehirn. Einer unserer Seminarteilnehmer sagte einmal wohlig aufgeregt: »Das ist mentales Jogging. Da glühen die Synapsen!«

Es macht Spaß, und es macht immer mehr Spaß!

Julia und Ludwig

Julia ist eine junge Frau von Mitte dreißig. Sie lebt mit ihrem Mann Ludwig und ihren beiden Kindern in einem gepflegten Einfamilienhaus am Stadtrand. Ich durfte sie über einen Zeitraum von einigen Monaten mit Seminaren begleiten.

Als ich sie kennenlernte, war sie zwar im Wesentlichen dankbar und glücklich mit ihrer Ehe und der Familie. Doch war ihr Glück getrübt. Vieles war in ihrem Leben noch nicht so, wie sie es gern gehabt hätte. Sie sah eher das, was ihr noch fehlte, als all das, was sie schon erreicht hatte. Sie wollte alles möglichst perfekt haben und auch richtig gut machen. Mit Unzulänglichkeiten gab sie sich nicht zufrieden. Darum befasste sie sich vor allem mit dem, was sie alles nicht mehr so haben wollte. Sie ahnte nicht, dass sie mit diesem Denken genau das Gegenteil von dem erreichte, was sie bewirken wollte.

Diese auf Abwehr gerichtete innere Haltung fand ihre sprachliche Entsprechung in markant häufigen Verneinungen. Sie sagte beispielsweise: »Ich wünsche mir, dass mein Mann nicht so viel arbeitet, ich will die Kinder abends nicht immer allein ins Bett bringen müssen. Und ich will mich nicht in einen aktuellen Nachbarschaftsstreit hineinziehen lassen.«

Mit der Zeit lernte sie, die Negationen zu erkennen und umzuformulieren. Dann sagte sie statt der oben genannten Sätze: »Ich wünsche mir, dass mein Mann weniger arbeitet. Ich wünsche mir, dass wir die Kinder abends gemeinsam ins Bett bringen. Und aus dem aktuellen Nachbarschaftsstreit will ich mich heraushalten.«

Julia stolperte am Anfang regelrecht über immer wieder neue Negationen in ihrer Sprache. Sie lachte dann: »Das ist nicht so einfach. – Nein, wie geht das ohne ›nicht‹? Das ist neu für mich!« Sie hatte Spaß daran, ihre gewohnte Ausdrucksweise zu entdecken und dann mit möglichst wenigen

Negationen auszukommen. Sie entdeckte zu ihrem Staunen, dass sie auch dann Negationen benutzte, wenn es wirklich ganz leicht auch anders geht: Statt »Das ist kein Problem« sagte sie schon bald »Das ist leicht möglich«.

Am meisten hatte sie umzulernen, als sie ihren Kindern nicht mehr sagen wollte: »Rennt nicht so!«, »Macht nicht so einen Lärm!« und viele weitere Anweisungen dieser Art. Es dauerte eine Weile, bis sie formulieren konnte, was die Kinder machen sollen, und nicht mehr, was sie nicht machen sollen.

Mit dem bewussten schrittweisen Wandeln der Negationen war Julia ein wichtiger Schritt gelungen. Mit ihm hat sie eine sanfte Wende eingeleitet hin zu dem, was sie erreichen und erleben will. Mit der bejahenden Sprache hat sie eine annehmende, bejahende Grundhaltung entwickelt. Damit wurde es ihr immer leichter, sich, ihren Mann und ihre Kinder so anzunehmen, wie sie sind.

Julia hat mit ihrer bejahenden Sprache nach und nach ihre ganze Familie angesteckt. Nach einiger Zeit sagte sie: »Ganz am Anfang hat sich nichts getan. Doch schon nach zwei Wochen habe ich mich deutlich besser gefühlt als sonst. Übrigens macht mein Mann jetzt auch mit. Er nimmt immer wieder eine Karte aus deinem Kartensatz. Da hat er richtig Spaß dran. Insgesamt haben wir weniger Stress als früher. Und wir lachen wieder viel mehr!«

Die Kraft des vollen Namens entdecken

Jeder Mensch in unserer westlichen Welt hat einen Vornamen und einen Nachnamen. Diesen Namen haben die Eltern für ihr Kind ausgewählt, und mit diesem Namen melden sie es im Standesamt an. Der Name hat direkt etwas mit der Identität eines Menschen zu tun.

Manche Menschen finden ihren Vornamen von Anfang an schön. Andere mögen ihn lange Zeit nicht und freunden sich mit ihm nur langsam oder auch gar nicht an. Dies gilt vor allem für den vollen Vornamen. Abkürzungen können die meisten Menschen eher annehmen. Das hat einen guten Grund: Viele Menschen haben erlebt, dass ihre Eltern sie nur dann mit ihrem vollen Namen angesprochen haben, wenn sie mit ihnen geschimpft haben. Ansonsten haben sie eine Kurzform oder einen Kosenamen gebraucht.

Abgekürzte Vornamen

So kann es sein, dass ein Thomas als Erwachsener empfindlich reagiert, wenn jemand ihn als »Thomas« anspricht. Er bleibt lieber der »Tommy«. Damit ist er groß geworden. Doch ist »Tommy« die Kurzform. Sie mag in einen nahen familiären Kontext passen oder in die Gemeinschaft der Schulklasse von ehedem.

Wenn jedoch ein Thomas auch als Erwachsener immer ein »Tommy« bleibt, dann bleibt er damit hinter seinen Möglichkeiten zurück. Dies wirkt sich auf alle Lebensbereiche aus, auch auf die Partnerschaft.

Ein »Thomas« wird erwachsen und kann Verantwortung für sich und für seine Familie übernehmen. Seine Frau und auch seine Kinder werden ihn anders sehen, als wenn er immer ein »Tommy« geblieben wäre. Das gilt natürlich genauso für Frauen. Auch hier gilt, dass der volle Name in ihnen wundersame Kräfte freisetzt.

Der volle Name hat noch einen anderen wesentlichen Aspekt. Wir haben ihn wie gesagt von unseren Eltern bekommen. Es hat eine große Bedeutung, wenn ein erwachsener Mensch damit beginnt, seinen vollen Vornamen zu gebrauchen. Es hat immer etwas damit zu tun, dass er seine Eltern annimmt oder genauer gesagt anzunehmen beginnt. Das ist

ein ganz natürlicher und wichtiger Prozess. Dieses schrittweise Annehmen der eigenen Eltern ist eine wichtige Voraussetzung dafür, dass Menschen wahrhaft und wirklich frei
werden für eine erfüllte Partnerschaft.

Auch wenn es vordergründig nur um abgekürzte oder
vollständige Vornamen geht, geht es in Wahrheit um wesentlich mehr. Die Kraft des vollen Namens ist wunderbar und
heilsam. Sobald jemand damit beginnt, ihn zu gebrauchen,
räumt sich von alleine manches auf, scheinbar ganz von
selbst. Nun haben beide Partner eine großartige Möglichkeit:
Sie können den Namen des geliebten Menschen ganz liebevoll und wertschätzend aussprechen. So kann dieser einen
neuen Zugang zu seinem Namen finden. Ich gebe Ihnen ein
Beispiel.

Aus Rob wurde Robert

Rob ist ein junger Mann von Anfang dreißig, ein Deutscher.
Er ist verheiratet und Vater zweier Kinder von drei und fünf
Jahren. Seit seiner Schüler- und Studentenzeit nannten ihn
alle Rob. In seinem Pass steht nicht Rob, sondern Robert.

Seine Frau klagte seiner Aussage nach darüber, dass sie
nicht nur zwei Kinder hat, sondern mit ihrem Mann zusammen gefühlt drei. Sie habe oftmals das Empfinden, dass sie in
ihm nicht wirklich einen gleichwertigen Partner habe. Diese
Aussage ärgerte ihn. Er hatte jedoch nicht aus diesem Grund
mit uns Kontakt aufgenommen. Es ging ihm um berufliche
Dinge. Bei der letzten Beförderung war er übergangen worden. Und mit dem Chef hatte er leichte Differenzen. Rob
fühlte sich in seinen Anliegen von ihm wiederholt nicht ausreichend ernst genommen.

Ich gab ihm den Hinweis mit dem vollständigen Vornamen. Ich bat ihn, jemanden im Seminar anzusprechen und
sich ihm einmal als »Rob« vorzustellen und ein anderes Mal

als »Robert«. Er sollte beides zweimal sagen. Beim ersten Mal nehmen wir die kognitive Information auf. Erst beim zweiten Mal können wir die Wirkung der Worte bewusst wahrnehmen. Er machte mit. Als Erstes sagte er die ihm gewohnte Form: »Ich bin der Rob.« Dann wiederholte er diesen Satz noch einmal: »Ich bin der Rob.« Danach sagte er: »Ich bin Robert. – Ich bin Robert.« Jetzt hatte er spontan auch den Artikel weggelassen.

Der Unterschied zu vorher war deutlich. Seine Stimme war bei der Variante mit »Robert« tiefer. Und seine Haltung war gerader. Der Angesprochene gab ihm eine entsprechende Rückmeldung. Rob merkte den Unterschied auch selber. Er beschloss nach kurzem Zögern, zum »Robert« zu werden. Für den Rest des Tages wollte er sich in der Gruppe als Robert ansprechen lassen und seinen wiedergewonnenen Namen ausprobieren. Es ging ihm damit gut.

So beschloss er, von nun an bei Robert zu bleiben. Er wollte daheim als Erstes seine Frau fragen, ob sie bereit sei, ihn als »Robert« anzusprechen, und dann seine Freunde und Kollegen bitten, ihn entsprechend anders zu nennen.

Robert war konsequent: Er änderte binnen Kürze seine E-Mail-Adresse und unterschrieb von nun an seine Nachrichten per SMS, E-Mails und Merkzettelchen mit »Robert«. Er machte in den nächsten Tagen und Wochen einen sanften und gleichzeitig kraftvollen Schritt nach vorn.

Als ich ihn nach einigen Wochen wiedersah, hatte er einen neuen Haarschnitt. Er lachte mich an und sagte: »Die letzten drei Buchstaben von Rob-ert haben bei mir eine Menge in Bewegung gebracht. Übrigens folgen die Jungs jetzt besser, vor allem der größere. Mit dem Chef ist es jetzt auch besser geworden. Und von meiner Frau soll ich dir unbekannterweise schöne Grüße ausrichten und auch einen herzlichen Dank. Bei uns in der Partnerschaft hat sich auch etwas getan.«

Ich fragte ihn: »Und was ist aus deiner Sicht anders geworden?« Er antwortete: »Ich sehe mich und meine Aufgaben mit neuen Augen. Ich bin in mein Alter hineingewachsen. Jetzt habe ich viel mehr innere Kraft als vorher. Ich bin berührt, was für eine starke Wirkung mein voller Name hat!

Schatzi und Häschen – Reinhard und Birgit

Birgit ist eine feine und kluge Frau von Anfang vierzig. Sie ist verheiratet und hat einen heranwachsenden Sohn. Sie und ihr Mann haben vor fast zwanzig Jahren geheiratet. Schon lange leben sie eher nebeneinanderher als miteinander. Jeder geht seiner Wege, und es herrscht vordergründiges Einvernehmen. Doch nimmt der Mann seine Frau nicht ernst. Er macht sich im weiteren Familienkreis und auch daheim oft subtil lustig über sie. Das verletzt sie.

Ich wollte eine Vorstellung davon bekommen, wie Birgit mit ihrem Mann spricht. Ich bat sie, eine ganz normale, alltägliche Situation aufzugreifen und sie uns im Seminar zu zeigen. Sie wählte eine Situation aus dem Familienleben: Es ging um den Start in einen Samstag im Kreis der Familie.

Birgit sprach im Seminar jemanden als ihren Mann an und brachte ihm in ihrer Vorstellung noch vor dem Frühstück die Zeitung. Er liebt die Zeitung, und Birgit bringt sie ihm jeden Tag. Wir gingen diese Situation in Gedanken durch und betrachteten, wie der Tag sich weiter entwickelt und was Birgit jeweils zu ihrem Mann sagt und vor allem: wie sie es ihm sagt.

Dabei wurde schnell klar, dass Birgit ihren Mann niemals mit seinem Namen anspricht. Seit fünfzehn Jahren nennt sie ihn nur und ausschließlich »Schatzi«, auch bei öffentlichen Anlässen.

Ich staunte und fragte sie: »Und wie spricht dich dein Mann an?« Sie überlegte erst eine Weile, dann sagte sie: »Er spricht mich, glaube ich, gar nicht mit meinem Namen an. Er sagt einfach: ›Du, ich weiß etwas Neues!‹, oder was immer er eben sagen will. Nein, mit ›Birgit‹ spricht er mich, glaube ich, nicht an. Da werde ich drauf achten! Manchmal nennt er mich mit einem Kosenamen. Dann bin ich sein ›Häschen‹.«

Dann lachte sie: »Wenn ich mich zurückerinnere an die erste Zeit unserer Verliebtheit, da habe ich immer Schatzi oder Bärchen gesagt, und er hat zu mir auch Schatzi gesagt oder eben Häschen. Das war damals so, vor fast zwanzig Jahren. Da habe ich noch nie drauf geachtet.« Nach einer kurzen Pause begann sie schallend zu lachen. »Ja! Das ist jetzt schon fast zwanzig Jahre her. Ich muss richtig überlegen, wie mein Mann heißt: Ja, Reinhard heißt er, ja: Reinhard!«

Birgit wurde vieles klar. Sie und ihr Mann haben einander seit Jahren nicht mit ihren Namen angesprochen, sondern nur mit Koseformen oder eben nur als »du«. Ihr war ihr sprachliches Verhalten nie bewusst geworden.

Sie wollte daran umgehend etwas ändern und fragte, wie sie vorgehen könne. Ich empfahl ihr, im privaten Rahmen nicht nur von »meinem Mann« zu sprechen, sondern seinen Namen zu nennen. Ich gab ihr noch eine zweite Anregung. Ich empfahl ihr, ihm ihre geänderte Vorgehensweise anzukündigen und zu erläutern.

Daran fügte ich mit einem Schmunzeln an: »Zärtliche Bezeichnungen und Kosenamen bewahre dir bitte. Beim Herzen und Kosen haben sie ihren richtigen Platz!«

Birgit grinste erst. Dann wurde sie nachdenklich. Sie spürte, dass der bewusste Umgang mit dem Vornamen und mit den Kosenamen ein wichtiges Detail war auf dem Weg zu einer erfüllten Partnerschaft. Sie war drauf und dran, sich selbst und ihren Mann neu zu entdecken.

Sie wiederholte halblaut für sich: »Reinhard. Reinhard. Reinhard.«

Füreinander da sein

In einer lebendigen Partnerschaft ist es selbstverständlich, dass die beiden Partner füreinander da sind und auch Zeit miteinander und füreinander haben. So können sie das Leben mit seinen bunten Facetten erleben und hoffentlich viel Schönes miteinander erleben.

Idealerweise schauen immer beide aufeinander und sind beide bestrebt, sich und dem anderen das Leben so leicht und schön als möglich zu machen. In Zeiten, in denen es etwas zu feiern gibt, werden sie miteinander das Leben feiern. In herausfordernden Zeiten werden sie einander hoffentlich immer eine Stütze sein.

So werden sie Freude und Leid teilen. Ihre Freuden werden damit immer doppelt so groß sein. Dagegen wiegen Leid und Schmerz nur noch halb so schwer. Geteiltes Leid ist bekanntlich halbes Leid.

Um sich das Leben gegenseitig richtig schön machen zu können, ist es hilfreich zu wissen, was dem Partner Freude macht und was er sich wünscht oder wünschen könnte.

Wünsche und Bedürfnisse äußern

Manche Menschen meinen wirklich, dass ihr Partner an ihrer Nasenspitze oder an ihren Augen ablesen kann, was sie sich wünschen. Das ist viel verlangt und viel erwartet. Eine solche Einstellung führt leicht zu Enttäuschungen. Dahinter steht bei vielen Menschen eine grundlegende Schwierigkeit: Sie haben es nicht gelernt, ihre Wünsche und Bedürfnisse klar zu äußern, ohne dabei fordernd zu wirken.

Es geht sogar noch weiter: Etliche Menschen trauen sich nicht, eigene Wünsche zu haben, geschweige denn, sie äußern zu dürfen. Sie machen sich ihre eigenen Bedürfnisse oft gar nicht klar. Vielleicht wollen sie nur für die anderen da sein dürfen. Und wenn jemand sie nach einem Wunsch fragt, sagen sie möglicherweise, dass sie keine Wünsche haben. Dann ist es für den Partner oder die Partnerin schwer, sich etwas Schönes auszudenken, mit dem sie den anderen erfreuen können.

In der Partnerschaft geht es um ein Geben und Nehmen. Es ist wichtig, dass dieses Geben und Nehmen ausgeglichen sind. Dazu gehört auch, nicht nur immer zu geben, sondern sich auch einmal vom Partner verwöhnen zu lassen und seine Zuwendung mit Freude anzunehmen. Beide können viel Freude daran haben, sich gegenseitig große und vor allem kleine Wünsche zu erfüllen. Der Schenkende ist dabei mindestens genauso glücklich wie der Beschenkte.

Es ist ein Zeichen liebevoller Aufmerksamkeit, einander des Öfteren nach Wünschen und Bedürfnissen zu fragen. Ich stelle mir eine gemütliche Gesprächssituation vor, in der solche Fragen Raum haben. Sie können so klingen: »Hast du für heute Abend einen Wunsch?«, oder: »Hast du für dieses Wochenende einen Wunsch?« Die beiden Partner werden dann sicher ein schönes Gespräch führen.

Dabei können die beiden einander noch weiter fragen: »Hast du sonst noch einen Wunsch?«, oder auch: »Gibt es sonst noch etwas, was ich für dich tun kann?« Es ist freilich wichtig, dass die Frage ehrlich und wohlwollend klingt und auch ist.

Sie werden bei solchen Fragen manches vom anderen erfahren, auf das Sie sonst nicht gekommen wären. Viele Wünsche sind leicht zu erfüllen.

Haben Sie etwas, was Sie auf eine solche Frage antworten können? Es darf etwas scheinbar ganz Simples sein, wie zum Beispiel Ihre Lieblingsnachspeise. Es geht darum, dem Partner eine Chance zu geben, Ihnen mitten im Alltag einen Wunsch erfüllen zu können. Zeigen Sie sich ruhig phantasievoll: Gönnen Sie ihm und sich schon einmal die Vorfreude.

Dieses Nachfragen ist eine überaus charmante und liebenswürdige Form, voneinander Wünsche und Bedürfnisse zu erfahren und in der Folge natürlich auch zu beachten. Ebenso wichtig ist es, von sich aus die eigenen Wünsche und Bedürfnisse klar und liebevoll zum Ausdruck zu bringen.

Manche Menschen tun sich außerordentlich schwer. Vor allem Frauen machen oftmals nur eine vage Andeutung: »Harald, unser Keller ist übervoll! Da findet man gar nichts«, oder kleiner im Anliegen: »Harald, es gibt im Kino einen neuen Film. Der soll sehr gut sein.«

Es bleibt offen, was die beiden Bemerkungen bewirken sollen. Vielleicht will die Frau im ersten Beispiel, dass der Mann mit ihr den Keller aufräumt. Vielleicht will sie auch nur ihrem Ärger über die Unordnung im Keller Luft machen. Der Hinweis im zweiten Beispiel kann einfach ein Kommentar zum aktuellen Kinoprogramm sein. Es ist ebenso möglich, dass die Frau mit ihrem Mann den genannten Film anschauen will.

Bei beiden Beispielen ist die Wahrscheinlichkeit hoch, dass weder aus dem Kelleraufräumen noch aus dem Kinobesuch etwas wird. Dies alles ist die Folge eines Bedienungsfehlers im Umgang mit der Sprache.

Es ist für viele Menschen offensichtlich eine große Herausforderung, die eigenen Bedürfnisse so klar zu äußern. Dabei ist die Lösung einfach: Am Anfang haben wir immer die wertschätzende Kontaktaufnahme mit den drei A. Danach folgt die Rahmeninformation. Damit bringen wir unseren Gesprächspartner ins Bild und machen es ihm leicht, sich auf unser Anliegen einzulassen. Danach folgt die klare Ansage. Dabei sagen wir, was wir vom andern wollen.

Ein solcher klarer, liebevoll geäußerter Wunsch kann so klingen: »Lieber Harald, ich habe für eines der nächsten Wochenenden einen Wunsch. Er betrifft unseren Keller. Ich habe schon lange das Bedürfnis, ihn aufzuräumen. Ich wünsche mir, dass wir diese Arbeit gemeinsam machen. Bist du dazu bereit?«

Das tägliche Leben besteht, abgesehen von einigen großen Ausnahmen, aus einer Abfolge von Kleinigkeiten. Der Tisch ist zu decken, die Spülmaschine ist auszuräumen, eines der Kinder ist vom Fußball abzuholen, ein Anruf ist zu tätigen und der Hund braucht sein Futter.

Missverständnisse oder auch Reibereien entwickeln sich oftmals genau in solchen Situationen, die alle für sich im Grunde Kleinigkeiten sind. Der daraus entstehende Ärger ist völlig überflüssig. Missverständnisse entstehen immer dann besonders leicht, wenn bei der Kommunikation Inhalt und Form nicht zusammenpassen. Das lässt sich leicht ändern. Der bewusste Umgang mit der Struktur der Sprache weist uns den Weg.

Josef, Monika und ihre volle Spülmaschine

Betrachten wir stellvertretend für viele andere solcher täglich wiederkehrender Situationen das Ausräumen der Spülmaschine. Jede Familie und jede Partnerschaft kennt sie. Ich stelle mir vor, es ist Samstagvormittag und Josef befindet sich in der Küche. Er hat das Zubereiten des Mittagessens übernommen. Die Spülmaschine hat fertig gespült und ist noch auszuräumen. Seine Frau Monika kommt in die Küche und holt sich ein Glas Saft.

Es wäre für Josef praktisch, wenn Monika bei dieser Gelegenheit die Spülmaschine ausräumen würde. Er will sie darauf ansprechen. Welche Möglichkeiten hat er?

Es gibt verschiedene Varianten. Ich werde sie mit Ihnen unter die sprachliche Lupe nehmen. Ich stelle Ihnen eine Auswahl der Möglichkeiten vor, mit denen Josef Monika bitten kann, die Spülmaschine auszuräumen.

Die erste ist: »Kannst du bitte die Spülmaschine ausleeren?!« Hier fehlen die wertschätzende Kontaktaufnahme und auch eine Rahmeninformation. Josef kommt gleich zur Sache. Monika hat keine Zeit, sich auf Josefs Bedürfnis einzustellen. Außerdem gibt es in diesem Satz ein Durcheinander auf der Strukturebene. Wir haben hier einen Mix aus Fragesatz und Aufforderungssatz. Josef ist auf der Ebene der Sprachstruktur nicht klar, denn natürlich kann Monika die Spülmaschine ausräumen.

Ich stelle Ihnen eine zweite Möglichkeit für unsere Küchensituation vor: »Die Spülmaschine ist noch voll, und ich brauche Platz.« Auch hier fehlt die wertschätzende Kontaktaufnahme. Danach folgt nur noch ein Aussagesatz zum Rahmen. Die Aufforderung oder die Bitte an Monika, die Spülmaschine auszuräumen, fehlt völlig. Stattdessen ist ein Missverständnis möglich: Es ist unklar, ob Josef sagen will: »Ich brauche Platz. Bitte gehe aus der Küche!«, oder ob er sagen will: »Ich brauche Platz für das neue Geschirr. Räume bitte die Spülmaschine aus.«

Die dritte Möglichkeit ist die direkte Aufforderung: »Bitte räume die Spülmaschine aus!« Hier fehlen wieder die wertschätzende Kontaktaufnahme sowie die Information zum Rahmen.

Als vierte und letzte Möglichkeit nenne ich Ihnen die vollständige Kommunikation mit der wertschätzenden Kontaktaufnahme, der Rahmeninformation und dem Impuls. Wichtig ist, dass die ersten beiden Schritte mit dabei sind. Dies wirkt sich auf den Ton aus und auch auf den Blick, den die beiden austauschen.

Diese Form macht es Monika leicht, Josefs Bitte anzuhören und aufzunehmen. Sie wird sich durch die wertschätzende Kontaktaufnahme geachtet fühlen. Die klare Struktur der einzelnen Schritte und der einzelnen Sätze in sich selbst ist wohltuend:

»Monika! Ich habe eine Bitte an dich. Die Spülmaschine ist noch voll, und ich brauche Platz für das neue Geschirr.« Für den Impuls gibt es verschiedene Möglichkeiten. Dies kann eine Frage sein: »Bist du bereit, sie auszuräumen?«, oder: »Darf ich dich bitten, sie auszuräumen?« Es kann ebenso gut eine freundliche Aufforderung sein: »Bitte räume die Spülmaschine aus!«

Danach wird der Dialog weitergehen, und dann werden die beiden sich sicher gütlich einigen.

Auf diese Weise ist es leicht, Wünsche und Bedürfnisse zu äußern und klare Absprachen zu treffen, mit denen alle Beteiligten glücklich sind. Paare, die diese drei Schritte und einen klaren Satzbau beachten, können sich im Laufe ihres Lebens viel Ärger ersparen.

Übung

An dieser Stelle gebe ich Ihnen gleich zwei Übungen:

Machen Sie sich als Erstes einen eigenen Wunsch bewusst, den Ihr Partner oder Ihre Partnerin leicht erfüllen kann. Wie sagen Sie Ihrem Partner, was Sie sich von ihm wünschen?

Als Zweites fragen Sie Ihren Partner oder Ihre Partnerin, ob er oder sie einen Wunsch hat. Schauen Sie, wie Sie dazu beitragen können, ihr diesen Wunsch zu erfüllen.

Haben Sie dabei bitte die drei Schritte im Blick: wertschätzende Kontaktaufnahme, die Rahmeninformation und die klare Ansage.

Ich wünsche Ihnen viele schöne Erfahrungen. Sie werden sich damit noch besser kennenlernen und noch mehr lieben lernen.

Hilfe anbieten will auch gelernt sein

Der Alltag ist voll von Möglichkeiten, eine wertschätzende, klare Sprache zu entwickeln und zu pflegen. Dies trägt immer zu einer leichten, guten Kommunikation bei. Darüber hinaus fördert es die Entwicklung der eigenen Persönlichkeit.

Wie wir gerade gesehen haben, eröffnet die Bitte um Mithilfe eine Fülle an Möglichkeiten. Auch das Anbieten von Hilfe will gelernt sein. Hier wird sich ein einzelnes Wort als wertvoller Schlüssel erweisen: das Wort »dürfen«.

Ich gebe Ihnen auch dafür ein Beispiel. Es ist wieder ein Beispiel aus der Küche.

Anja und Peter

Anja hatte ein Schlüsselerlebnis mit dem Wörtchen »dürfen«. Erst seit sie diese Entdeckung gemacht hat, nimmt ihr Mann ihre Hilfe an. Anjas Mann, Peter, kocht gern. Anja hätte ihm oftmals gern geholfen. Doch wollte er ihre Hilfe nie annehmen.

So hatte es für sie zumindest immer ausgesehen. Heute weiß sie, dass er gerne ihre Hilfe annimmt. Sie haben mittlerweile viel Freude daran, gemeinsam in der Küche zu sein und ihre nächste Mahlzeit miteinander vorzubereiten.

Doch war das früher nicht möglich – bis Anja erkannte, warum Peter ihre Hilfe fast immer dankend abgelehnt hatte. Es ging um die Art, wie sie ihm ihre Hilfe angeboten hatte. Sie sagte früher gewöhnlich: »Soll ich dir helfen?«, oder: »Soll ich mitmachen?«, oder auch: »Kannst du Hilfe brauchen?«

Das Wort »helfen« störte ihn. Peter brauchte keine Hilfe. Er kam alleine zurecht. Auch das »Sollen« war fehl am Platz. Es klang nach einem unausgesprochenen Auftrag an Anja, den Peter seiner Frau nie gegeben hatte und auch nicht geben wollte.

Eines Tages probierte Anja eine neue Formulierung: »Darf ich dir helfen?« Peter schaute sie an jenem Tag völlig verdutzt an und sagte: »Na klar darfst du mir helfen! Was magst du denn gern machen?« Das war die Wende. Anja war begeistert und Peter auch.

Peter und Anja haben erkannt, dass es für beide deutlich schwieriger ist, eine Hilfe anzunehmen, als eine Hilfe anzubieten. Mit der geeigneten Formulierung fällt es dem »Geholfenen« leichter, die angebotene Hilfe anzunehmen. Damit ist ihre Partnerschaft noch einmal viel lebendiger und leichter geworden.

»Dürfen« schenkt innere Freiheit

Das Wort »dürfen« hat Anja und Peter über die konkrete Situation in der Küche hinaus noch wesentlich mehr geschenkt. Es war das Dürfen als solches. Es hat ihnen beiden deutlich spürbar innere Freiheit geschenkt.

Mit dem Wort »dürfen« wächst nur ein kleiner Teil unserer Gesellschaft auf. Die meisten Menschen werden eher mit »nicht dürfen« groß. Sie kennen aus ihrer Kindheit vielfältige Sätze, die mit »Du darfst nicht« beginnen: »Du darfst nicht länger aufbleiben«, »Du darfst das Spielzeug nicht haben« und viele mehr. In der Jugend ging es weiter mit ähnlichen Sätzen: »Du darfst heute Abend nicht ausgehen«, »Du darfst nicht bis mittags schlafen« usw.

Nur ein kleiner Teil unserer Gesellschaft hat von klein auf Botschaften mit »Du darfst« mitbekommen: »Du darfst Plätzchen backen«, »Du darfst noch spielen« usw. Weit üblicher ist an dieser Stelle ein »Du kannst«, selbst wenn es inhaltlich keinen Sinn ergibt. Dann heißt es: »Du kannst jetzt Plätzchen backen«, »Du kannst länger aufbleiben«. Es geht ja in Wirklichkeit um ein Erlauben. Darum handelt es sich hier eindeutig um ein »Dürfen« und nicht um ein »Können«.

Sicher wichtig ist die nachhaltige Wirkung des »Dürfen«: Kinder, die mit viel »Dürfen« groß geworden sind, haben innerlich auch als Erwachsene eine große Freiheit.

Es gibt eine wichtige Besonderheit beim Umgang mit dem Wort »dürfen«. Die Werbung hat schon lange das »Dürfen« entdeckt. Auf einer Margarine steht ganz groß: »Du darfst.« Das »Dürfen« wirkt, auch wenn es ein unvollständiger Satz ist. Oder auch gerade deswegen. Jeder ergänzt unbewusst das, was er gern dürfen will.

Manche Menschen machen den Fehler, jedes »Müssen« durch ein »Dürfen« zu ersetzen. Das ist übertrieben und stimmt in der Sache auch nicht. Es ist beispielsweise daneben, wenn jemand sagt: »Morgen dürfen wir einkaufen gehen«, nur um ja nicht »müssen« zu sagen. Es geht wunderbar ohne »müssen« und auch ohne ein irrtümlich angewendetes »Dürfen«. Gebrauchen Sie stattdessen das Futur. Es gehört hierhin: »Morgen werden wir einkaufen gehen.«

Anja und Peter haben verschiedenes ausprobiert, als sie das »Dürfen« für sich entdeckt haben. Sie haben in dieser Zeit auch manche anfängliche Übertreibung hinter sich gebracht. Mit Entdeckergeist und Humor haben sie schließlich einen guten Weg gefunden, der beiden deutlich mehr innere Freiheit beschert, als sie dies jemals vorher erlebt hatten.

Als Paar haben die beiden die Erfahrung gemacht, dass sie mit dem »Dürfen« vor allem mehr Leichtigkeit gewonnen haben und deutlich mehr lachen als vorher. Das Leben durfte leicht werden.

Übung

Schenken Sie dem Wort »dürfen« für eine Weile Ihre Aufmerksamkeit.

Wie gebrauchen Sie es? Gebrauchen Sie es eher in der verneinenden Form und sagen »nicht dürfen«? Oder gebrauchen Sie es in der bejahenden Form als »dürfen«?

Prüfen Sie, wo das »Dürfen« einen guten Platz hat. Gebrauchen Sie es in verschiedenen Bereichen Ihres Lebens, nicht nur in der Partnerschaft. Es wird Ihnen mehr und mehr innere Freiheit schenken. Diese wird dann wieder der Partnerschaft zugutekommen.

Ersetzen Sie nicht einfach alle »Müssen« durch ein »Dürfen«. Dann würden Sie den Druck des Müssens ins Dürfen übertragen. Das wäre schade.

Entdecken Sie das »Dürfen« ganz neu. Sie dürfen sich dafür so viel Zeit lassen, wie Sie wollen.

Ehrliches Interesse zeigen

Für eine Partnerschaft ist es von grundlegender Bedeutung, zu spüren, dass sich beide Partner ehrlich für den anderen und dessen Belange interessieren. Das ist sicher oftmals gegeben, doch kommt es nicht immer ausreichend beim anderen an.

Viele Menschen machen sich nicht bewusst, wie sie ihren Partner nach dem fragen, was ihn im Augenblick im Beruf oder auch in einem anderen Lebensbereich bewegt. Sie fragen ihn einfach – wenn sie ihn denn überhaupt fragen. Dabei wissen sie nicht, wie sie die Frage formulieren.

Es ist immer möglich, dass solcherlei Fragen vor lauter Alltag und Organisation des Alltags untergehen. Je nach Fülle des Alltags ist dies verständlich. Doch sollte für so wichtige Fragen wie diese immer genügend Zeit und Raum bleiben. Sonst besteht die Gefahr, dass zwei Menschen vor lauter Aktivitäten den inneren Kontakt zueinander verlieren.

Es gibt verschiedene Arten, wie Partner einander danach fragen, wie ihr Tag oder ihre Woche war. Eine Variante ist besonders wortkarg. Sie spielt sich oftmals in der Küche ab, die ja bekanntlich das zentrale Kommunikationszentrum vieler Paare und Familien ist. Da stellt die Frau ihrem Mann, kaum dass er nach Hause gekommen ist und sie sich begrüßt haben, die merkwürdige Frage: »Und??« Dabei schaut sie ihn kurz an und bereitet dann weiter das gemeinsame Abendessen vor. Ehrliches Interesse und Wertschätzung kommen hier kaum an, selbst wenn sie da wären.

Der Mann antwortet dann auf dieses einzige Wort meist ebenso knapp: »Passt.« Oder: »Wie immer, nix Besonderes.« Von da leitet er gleich über zu einem anderen Thema.

Eine andere Variante ist die Häufung von Fragen. Dann weiß der Angesprochene gar nicht, auf welche der vielen Fragen er antworten soll. Eine solche Häufung kann so klingen: »Wie war's? Wie war die Sitzung? Ist alles gut gegangen? Ist deine Kollegin wieder gesund?« Unbewusst wird der Angesprochene keine der Fragen wirklich wichtig nehmen. Er wird darum recht allgemein antworten.

Die Lösung ist auch hier einfach. Es geht darum, einen wertschätzenden Kontakt aufzunehmen und danach eine klare Frage zu stellen. Katharina machte damit eine grundlegende Erfahrung, die ihr etwas Wesentliches bewusst werden ließ. Das zeigt das folgende Beispiel.

Katharina und Wolfgang

Katharina war schon siebzehn Jahre mit ihrem Mann verheiratet. Sie haben miteinander drei Kinder zwischen zwölf und achtzehn Jahren. Katharina arbeitet im sozialen Bereich und hat dort eine Halbtagsstelle. Ihr Mann ist Software-Spezialist. Daneben engagiert er sich in einem Verein und ist auch politisch aktiv.

Katharina kommt im Allgemeinen vor ihrem Mann Wolfgang nach Hause. Sie hatte ihn bislang immer freundlich begrüßt und ihn in der oben beschriebenen Art gefragt, ob es irgendetwas Besonders gibt, was er ihr erzählen will.

Dann hatte sie das Lingva Eterna Konzept kennengelernt und damit auch die drei A für die wertschätzende Kontaktaufnahme sowie die Wirkung der kurzen, vollständigen Sätze. Sie wollte ihr neues Wissen ausprobieren. Sie interessierte sich wirklich für das, was ihr Mann im Laufe des Tages erlebt hatte. So war ihre Frage nach seinem Tag echt und ehrlich.

Wie immer kam ihr Mann nach Hause und zog erst einmal seine Schuhe und seine Jacke aus und räumte sie in der Garderobe an ihren Platz. Dann begrüßten sie sich wie immer mit einem Kuss und einem liebevollen kurzen Gruß.

Sie ließ ihn erst einmal heimkommen und gab ihm etwas Zeit. Dann fragte sie ihn: »Lieber Wolfgang – wie war dein Tag?«

Katharina war schier überwältigt von der Wirkung ihrer Frage. Ihr Mann schaute sie kurz an und sagte dann: »Lass uns heute Abend nach dem Abendessen zusammensitzen. Ich erzähle es dir dann.«

Für Katharina war das das erste Mal nach fast fünfzehn Jahren, dass sie und ihr Mann sich abends zusammengesetzt und einander einfach erzählt haben. Es war wieder wie früher, als sie ein junges Paar und noch ganz verliebt waren.

Gewöhnlich gingen beide, jeder für sich, nach dem Abendessen zügig an das, was sie an diesem Tag noch zu tun hatten. An diesem Abend schien das alles in den Hintergrund getreten zu sein. Die beiden hatten auf einmal Zeit miteinander und füreinander.

Was tun mit einem übergroßen Mitteilungsbedürfnis?

Manche Menschen sind so erfüllt und angefüllt von dem, was sie im Laufe des Tages erlebt haben, dass sie am Abend ihrem Partner alles möglichst auf einmal sagen wollen. Dabei sprudeln sie oft ungeordnet und machen es dem anderen damit manchmal schwer, ihnen zu folgen und sich ganz auf sie einzulassen.

Marianne und Clemens

So ging es auch immer wieder Clemens und seiner Frau Marianne. Sie sind Anfang und Mitte vierzig. Sie haben miteinander vier Kinder. Clemens ist in leitender Position tätig, und Marianne ist Therapeutin. Sie arbeitet an zwei Vormittagen pro Woche in einer Praxis mit.

Früher hatte Clemens fast hilfesuchend beide Hände über dem Kopf verschränkt und tief durchgeatmet. Dann hat er versucht, seiner Frau zuzuhören. Doch strengte ihn das an. Er hatte dann nur eins im Sinn: seine Frau zu beruhigen. Das regte sie dann oftmals auf, und sie fühle sich nicht verstanden.

Ihm waren die Informationen zu viel, zu schnell und auch zu ungeordnet. Sosehr er seine Frau liebte, er hatte oft nicht gewusst, wie er sie auf liebevolle Weise lenken oder stoppen konnte. Und sie ihrerseits spürte an den Reaktionen ihres Mannes, dass sie ihn mit ihren Erzählungen nicht wirklich erreichen konnte. Doch wusste sie damit noch lange nicht, was sie an ihrem Verhalten konkret ändern konnte.

Clemens brauchte eine Formulierung, mit der er seiner Frau auf wertschätzende Weise eine Rückmeldung geben und ihr sagen kann, was er braucht, um ihr gut folgen zu können. Clemens und auch seiner Frau Marianne halfen die folgenden Sätze:

»Liebe Marianne, ich will alles aufnehmen können, was du

mir sagst. Du sprichst zu schnell und zu viel, und deine Sätze sind ungeordnet. So kann ich dir nicht folgen. Bitte sage mir noch einmal, was du mir sagen willst.«

Clemens sagt seiner Frau damit auch, dass sie ihm wichtig ist. Er sagt ihr des Weiteren, was es ihm schwer macht, all das aufzunehmen, was sie ihm sagen will. Obendrein nimmt er es auf seine Kappe, dass er seiner Frau bei ihrer Sprechweise nicht folgen kann. Er sagt: »So kann ich dir nicht folgen.« Auf diese Weise kommt bei ihr keinerlei Kritik an.

Nach diesem Hinweis kann Marianne ihr Verhalten erkennen und daraufhin auch ändern. Sie weiß ganz konkret, auf was sie achten kann. Die wertschätzende, wohlwollende Kontaktaufnahme ganz am Beginn von Clemens' Hinweis macht es ihr leicht, sich ihrem Mann und seiner Botschaft zu öffnen. So fühlt sie sich geachtet.

Clemens ging es mit diesen Sätzen gut. Sie entsprachen seiner inneren Haltung und auch der Situation in seiner Familie. Sie halfen ihm und seiner Frau erheblich, vor allem dann, wenn es wieder irgendwelche Aufregungen gegeben hatte.

In den nächsten Wochen entdeckte Clemens, dass ihm diese Formulierung in einer leichten Abwandlung auch mit aufgeregten Kunden half. Hier sagte er dann gerne: »Herr Maier! – Ich will alles aufnehmen können, was Sie mir sagen. Dann kann ich auch das tun, was Sie von mir wollen. Sie sprechen zu schnell und zu viel. So kann ich Ihnen nicht folgen. Bitte sagen Sie mir noch einmal, was Sie mir sagen wollen.«

Das große Mitteilungsbedürfnis muss nicht immer auf der Seite des Partners oder der Partnerin liegen. Es kann ebenso gut bei uns selber sein. Dann stellt sich die Frage, wie Menschen mit ihrem eigenen Sprachdruck umgehen. Das ist eine eigene Sache. Wer sich über ein übermäßiges Mitteilungsbedürfnis bei seinem Partner aufregt, tut immer gut daran, ehrlich hinzuschauen, ob auch er selbst bei sich ein solches Verhaltensmuster findet.

Wenn wir ein Verhalten, das uns bei anderen stört, auch bei uns selbst ändern, dann hört es auf merkwürdige Weise auch in unserem Umfeld allmählich auf oder stört uns zumindest nicht mehr. Darum ist es ausgesprochen klug, missliches Verhalten des Partners oder der Partnerin auch bei sich selbst zu erkennen und zu ändern.

Zeit füreinander haben

Es ist für ein Paar schön und beglückend, zu erleben, dass sie füreinander da sind. Sie verbringen miteinander Zeit, sie schenken einander Aufmerksamkeit, sie helfen sich und stellen gemeinsam große und kleine Projekte auf die Beine. Dabei gibt es einige interessante Formulierungen.

Da geht es beispielsweise konkret darum, einer Bitte des Partners zu folgen und dafür andere Tätigkeiten momentan beiseitezulegen. Dann werden Sie vermutlich bereitwillig zu ihm gehen und ihm bei etwas helfen. Vielleicht sagen Sie: »Ich nehme mir gern Zeit für dich!« Lassen Sie sich diesen Satz bitte auf der Zunge zergehen.

Was sagt Ihnen dieser Satz? Was heißt das: »Ich nehme mir Zeit für dich«? Haben Sie ein klares inneres Bild von dieser Aussage?

Das Bild ist merkwürdig: Woher nimmt sich jemand die Zeit? Von wo nimmt er sie sich? Nimmt er sie sich weg, sich selbst? Und was ist, wenn er sich schon so viel Zeit genommen hat, dass er keine Zeit mehr hat?

Ganz anders klingt und wirkt der Satz: »Ich habe gleich Zeit für dich!« Hier ist offensichtlich Zeit da. Ihr Partner wird hören, dass Sie Zeit haben, und vor allem, dass Sie Zeit für ihn haben. Sie brauchen sie sich nicht erst irgendwoher zu nehmen.

Noch einmal anders klingen die folgenden beiden Sätze. Auch sie können gut in eine Situation passen, in der die Partnerin ihren Partner oder umgekehrt um Hilfe bittet. Es sind außerordentlich liebevolle, wertschätzende Sätze: »Ich helfe dir gern.« Oder: »Ich bin für dich da!«

Diese Formulierungen lösen in den meisten Menschen ein klares inneres Bild und auch ein Wohlgefühl aus. Der Satz »Ich bin für dich da!« beinhaltet eine grundsätzliche Aussage. Mit ihr geht die Botschaft einher: »Ich nehme dich so an, wie du bist.« Dieser Satz ist Balsam für die Seele des Partners. Es ist einfach beglückend, zu hören und zu erleben: »Ich bin für dich da!« Genauso wohltuend ist die Wirkung auf denjenigen, der diesen Satz sagt. Er tut ihm selbst gut und lässt ihn mit der Zeit eine entsprechende Haltung entwickeln.

Übung

Diese Formulierung »Ich bin für dich da!« stärkt eine wohlwollende Grundhaltung. Eine solche innere Einstellung dient jeder Partnerschaft und darüber hinaus auch jeder anderen Gemeinschaft. Sie fördert den Geist des »Füreinander-da-Seins«, der zutiefst friedensstiftend ist.

Nehmen Sie die Formulierung »Ich bin für dich da!« für vier Wochen bewusst in Ihre Sprache auf. Gebrauchen Sie sie so oft, wie dies sinnvoll möglich ist. Beobachten Sie die Wirkung auf Sie selbst und auf Ihre Partnerschaft. Entscheiden Sie nach dieser Zeit, ob Sie diese Formulierung beibehalten wollen.

Rita

Rita hat die Formulierung »Ich bin für dich da« vor einiger Zeit für sich entdeckt. Sie gebraucht sie seitdem immer wieder in ihrer Familie und auch in ihrem Beruf.

Rita ist Ausbilderin und erlebt häufig die Situation, dass ihr zwei oder drei Auszubildende gleichzeitig eine Frage stellen. Gewöhnlich hatte sie gesagt: »Ich zeige gerade Stefan etwas, und dann komme ich zu Ihnen. Da müssen Sie jetzt etwas Geduld aufbringen!«

Inzwischen sagt sie: »Ich erkläre gerade Stefan etwas. Und danach bin ich für Sie da!« Auf einmal braucht sie den Zusatz nicht mehr: »Da müssen Sie jetzt etwas Geduld aufbringen.« Mit der neuen Formulierung hat Rita ein entspanntes Lernklima geschaffen. Das tat ihr auch selber gut.

Rita gebraucht diese Formulierung jetzt auch daheim mehr und mehr, vor allem im Umgang mit den Kindern oder auch mit Freunden und Nachbarn. Sie sagt jetzt nicht mehr: »Ich nehme mir gleich Zeit für dich!« Stattdessen sagt sie auch hier: »Ich bin gleich für dich da!« Damit fühlt sie sich wohl, und sie bringt das zum Ausdruck, was sie wirklich sagen will.

Die neue Formulierung »Ich bin gleich für dich da!« hat zu Ritas anfänglichem großen Erstaunen vor allem eine Wirkung auf ihr subjektives Zeitempfinden. Sie hat damit das Gefühl, wirklich für den anderen da zu sein. So erlebt sie die gemeinsame Zeit viel intensiver als früher. Die Dinge gelingen ihr leichter, es kommt weniger dazwischen. Der Druck ist deutlich weniger geworden. So hat sie gefühlt mehr Zeit als früher.

Diese Sichtweise hat sich auch vorteilhaft auf ihre Ehe ausgewirkt. Rita gelingt es jetzt immer besser, mit ihrer vollen Aufmerksamkeit im Augenblick da zu sein. In der Folge achten beide Partner darauf, dass sie mehr Zeit zu zweit haben.

Sie und ihr Mann führen wieder lange, intensive Gespräche. Sie machen ausgedehnte Spaziergänge zu zweit und erleben dankbar die neu gewonnene und so beglückende Intensität in ihrer Partnerschaft.

Ich, du und wir: Bitte macht kein Durcheinander

In einer Partnerschaft gehen zwei Menschen miteinander ihren Weg. Rein theoretisch hat jeder ein klares »Ich«. Auf dieser Basis entwickeln sie eine Gemeinschaft von zwei Menschen und werden als solche zu einem »Wir«. Jeder der beiden sieht den anderen und seine Bedürfnisse und Wünsche. Damit hat er einen Blick auf das »Du«. Das ist so weit klar und einsichtig.

Doch wie verhält es sich mit dem Gebrauch dieser kleinen Wörter »ich«, »du« und »wir« in der alltäglichen Sprache? Rein grammatikalisch gesehen sind das die persönlichen Fürwörter. Mit ihrer lateinischen Bezeichnung heißen sie Personalpronomina.

Ich betrachte mit Ihnen im Folgenden den Gebrauch und die Wirkung der Personalpronomina mit Blick auf das Thema Partnerschaft. Hinsichtlich des üblichen Sprachgebrauchs ist hier so manch ein Durcheinander zu beobachten. Dieses Durcheinander führt zu Verwirrungen: Wer ist wer? Diese Verwirrungen stören weniger auf der Ebene der Kommunikation als auf der Ebene der inneren Bilder. Offensichtlich weiß der Sprecher dann auf einer unbewussten Ebene nicht genau, von wem er spricht. Oder er vermischt etwas.

Ich oder wir? – Martin und Sabine
Ich nenne Ihnen ein Beispiel: Martin freut sich, dass er nach langem Single-Leben endlich eine feste Partnerin hat. Er

spricht nicht mehr von »ich«. Er spricht nur noch von »wir« und von »uns«. Auf die Frage »Wie geht es dir?« heißt seine Antwort jetzt stets: »Uns geht es gut. Wir sind glücklich und zufrieden.« Martin könnte auch anders antworten: »Mir geht es gut. Und Sabine geht es auch gut. Wir sind glücklich und zufrieden.« Doch macht Martin dies nicht so. Er denkt und spricht auf einmal fast nur noch als »wir«.

Für ihn und auch für seine Partnerin Sabine ist es wichtig, dass sie sich diesen Sprachgebrauch bewusst machen und dass sie »ich« und »wir« in ihrer unterschiedlichen Bedeutung erkennen und bewahren. Dann können sie beide auf angemessene Weise auseinanderhalten und auch beide benutzen: Manches macht jeder allein – ich –, und anderes machen sie zu zweit – wir.

Nur wer »ich« und »wir« auseinanderhalten kann, kann sich selbst auf Dauer treu bleiben und wahrlich der werden, der er ist. Nur dann kann er sich und dem Partner gerecht werden.

Ein übertriebener Gebrauch von »wir« kann der Nährboden für ein symbiotisches Verhalten der beiden Partner sein. Sie sind dann nur noch im Doppelpack zu finden. So verlieren beide ihre Eigenständigkeit und damit auch ihre wahre Kraft. Der bewusste Umgang mit »ich«, »wir« und »du« hilft hier ganz erheblich.

Manche Menschen verwechseln »ich« und »du« auf der inhaltlichen Ebene. Sie schauen nicht ausreichend genau hin, wer was gemacht hat. Das ist eine mögliche Quelle für Ärgernisse. Mancher Partner spricht davon, dass er etwas gemacht hat. Doch stimmt das oft nicht wirklich. Vielfach war die Partnerin die Fleißige oder umgekehrt. Das kann so klingen: »Ich habe am Wochenende den Rasen gemäht« – selbst wenn die Frau einen Teil des Rasens gemäht hat. Das kann die Frau dann ärgern. Sie fühlt sich damit nicht geachtet.

Eine solche Äußerung ist meistens unbedacht. Derjenige, der so spricht, weiß es nicht, und ihm ist seine Formulierung nicht bewusst. In der Folge kann er auch nicht verstehen, warum seine Partnerin sich »schon wieder« aufregt. Sie wiederum weiß nicht, was genau sie aufgeregt hat. Auch ihr ist meistens nicht bewusst, dass ihr Mann schlicht und ergreifend »ich«, »du« und »wir« durcheinandergebracht hat.

Solche Situationen führen oft zu einem völlig unnötigen Streit. Dahinter steht vielfach wieder einmal nur ein Bedienungsfehler in der Sprache.

Wer ist »du«?

Der Gebrauch des Wortes »du« scheint für viele Menschen eine besondere Herausforderung zu sein. Hier gibt es viel zu entdecken.

Da ist in erster Linie die ursprüngliche Bedeutung: Mit »du« sprechen wir einen Gesprächspartner an, wenn wir mit ihm »per du« sind. Dann sagt die Frau beispielsweise zu ihrem Mann: »Du hast mir einen wunderschönen Blumenstrauß mitgebracht. Du bist ein Schatz!«

Dieser Gebrauch ist korrekt. Daneben nutzen viele Menschen das »Du« völlig unbewusst und auf eine verwirrende Weise.

So kann das »Du« auch in Wirklichkeit »irgendjemand« heißen. Das ist für den Angesprochenen natürlich reichlich verwirrend. Es ist für ihn dann schwer, die Äußerungen des Partners richtig zu übersetzen. Der falsche Gebrauch von »du« ist eine häufige Quelle für Missverständnisse und Ärgernisse. Es ist immer wieder faszinierend, wie hochgradig emotional die scheinbar so trockene Grammatik ist. Der Gebrauch von »ich«, »du« und »wir« ist nichts anderes als angewandte Grammatik. Wir brauchen diese Wörter, um mit ihnen unsere Sätze zusammenbauen zu können.

Helga und Friedrich

Ich gebe Ihnen ein Beispiel für »du« im Sinn von »irgendjemand«. Stellen Sie sich vor, ein Paar sitzt abends gemütlich zusammen, und sie erzählen einander. Ich nenne sie Helga und Friedrich. Im Lauf des Gesprächs stellt Helga ihrem Mann eine Frage: »Hast du schon unseren Apfelbaum angeschaut? Er hat viele Äpfel angesetzt!« Hier ist der Gebrauch von »du« korrekt. Dann antwortet Friedrich und sagt, dass er den Apfelbaum schon gesehen hat und dass er sich freut, dass es dieses Jahr so viele Äpfel geben wird.

Nach Kurzem geht es weiter. Helga macht einen Gedankensprung und erzählt etwas anderes: »Die Gemeinde hat die Sanierung der Hauptstraße beschlossen. Das bedeutet für ein halbes Jahr die Totalsperrung und eine große Umleitung. Wenn du jeden Tag durchmusst, dann kostet dich das viel Zeit. Doch am Ende freust du dich.«

Nun kann es gut sein, dass Friedrich erstaunt sagt: »Die Umleitung ist mir ziemlich egal. Ich fahr da ja nicht durch.« Er war bis dahin davon ausgegangen, dass Helga ihn auch hier mit »du« meint. Doch hat Helga mit dem »du« gar nicht mehr ihren Mann gemeint.

Für sie bedeutete »du« auf einmal etwas ganz anderes: Früher hätte sie an dieser Stelle »man« gesagt, und jetzt ersetzt sie dieses »man« durch ein »du«. Hier sind Achtung und Achtsamkeit geboten. Nicht jedes »man« ist ein »du«.

Es gibt noch einen weiteren Fehler beim Umgang mit dem »Du«. Viele Menschen benutzen »du« und meinen in Wirklichkeit sich selber. Auch das ist für den Gesprächspartner verwirrend. Bis der mit »du« Angesprochene erkennt, dass sein Gesprächspartner von sich spricht und gar nicht ihn meint, braucht es ein paar Momente. In der Zwischenzeit kann es schon zu einem Missverständnis gekommen sein. So erging es auch Christian am Tag nach einer Geburtstagsfeier bei Freunden, bei der er gemeinsam mit seiner Frau fröhliche Stunden erlebt hatte.

Christian und Annika

Christian machte einen Fehler im Umgang mit dem »Du« und berührte damit, ohne dies im Geringsten zu ahnen, bei seiner Frau Annika einen wunden Punkt. Er erinnerte sich voller Freude an das köstliche Buffet und sagte: »Das war eine klasse Feier. Das Buffet war super. Wenn du das anschaust, bist du schon begeistert. Doch wenn du dann wieder zu viel gegessen hast, dann bereust du das!«

Christian hatte nur von sich gesprochen. Das hatte er zumindest vorgehabt. Er hatte sagen wollen: »Das war eine klasse Feier. Das Buffet war super. Als ich das angeschaut habe, war ich schon begeistert. Doch habe ich wieder zu viel gegessen. Das bereue ich heute etwas.«

Durch diesen Fehler mit dem »Du« hat er seine Frau versehentlich verletzt. Er hatte ihr mit dem fälschlich gebrauchten »Du« vorgeworfen, sie habe zu viel gegessen. Er hatte Mühe, die Folgen seines Fehlers wiedergutzumachen. Sie war richtig wütend auf ihn.

Meistens sind die Fehler mit dem »Du« für ein »Ich« harmloser. Auch hier lieferte uns Christian ein Beispiel. Wieder verwechselte er »ich« und »du«. Er erzählte seiner Frau von seiner Fahrt zu einem Kunden: »Die Autobahn war frei, und die Landschaft war schön. Wenn du dann rechts und links die grünen Felder siehst und die ganzen Bäume, dann geht dir einfach das Herz über!«

Annika war klar, dass er von sich selber sprach und nicht von ihr, obgleich er sie mit »du« ansprach. Sie wusste, dass sie nicht mit im Auto gesessen hatte.

Der eindeutige Gebrauch von »ich«, »du« und »wir« erleichtert die Kommunikation erheblich. Das ist natürlich hilfreich und vermeidet Verwechslungen und Fehlinterpretationen. Doch geht es dabei um noch mehr:

Für eine glückliche Partnerschaft ist es bedeutsam, dass jeder der beiden Partner bei aller Herzensnähe klar seine Identität bewahren und sich weiterentwickeln kann. Dies ist dann besonders leicht, wenn jeder weiß, wer er ist.

Oft ist die Rede davon, in einer Partnerschaft vom »Ich« zum »Du« und dann zum »Wir« zu kommen. Das stimmt, und das ist eine fundamental wichtige Entwicklung. Dabei geht es um ein ehrliches und bewusstes »Du« und »Wir«.

Parallel dazu ist es für beide Partner wichtig, vom unbewussten »Wir« und dem ebenso unbewussten »Du« ganz ehrlich beim »Ich« anzukommen und sich dann auch so zu zeigen. Es genügt, wenn dies am Anfang nur auf der sprachlichen Ebene geschieht. Dies wird eine Wirkung auf die innere Haltung haben.

Von diesem neu gewonnenen Bezugspunkt des »Ich« aus wird es beiden Partnern möglich, das »Du« und damit den Partner bewusst und in einer noch größeren Tiefe wahrzunehmen.

Das bewusste Unterscheiden von »ich«, »du« und »wir« hilft auf diesem interessanten und schönen Entdeckungsweg.

Übung

Schenken Sie dem »Ich«, dem »Du« und dem »Wir« Ihre Aufmerksamkeit. Sagen Sie bitte »ich«, wenn Sie von sich sprechen. Sagen Sie »du«, wenn Sie Ihre Partnerin oder Ihren Partner meinen.

Entdecken Sie den allgemein üblichen Sprachgebrauch. Sie werden vielfach in Gesprächen die Verdrehung von »ich«, »du« und »wir« wahrnehmen. Bitte lassen Sie die anderen so reden, wie sie es tun.

Sie können solche Situationen als eine Übungsmöglichkeit für sich selbst nutzen. Ich empfehle Ihnen, innerlich mit zu übersetzen. Setzen Sie in Gedanken das Personalpronomen ein, das der andere vermutlich meint. Mit dieser Übung werden Sie viel eigene Klarheit und noch mehr Profil gewinnen.

Ich wünsche Ihnen auch bei dieser Übung viel Entdeckerfreude!

Freiräume pflegen

Es bedarf einiger Achtsamkeit, Freiräume zu erkennen und sie bewusst zu pflegen. Allzu leicht fordert der Alltag mit seinen vielfältigen Anforderungen beide Partner so, dass sie kaum Freiräume haben oder zumindest meinen, keine zu haben.

Diese Freiräume braucht ein Paar für sich zu zweit. Ebenso braucht sie jeder einzelne Partner für sich. Es ist wichtig, dass jeder sich diese Freiräume selbst gönnt und auch dem Partner zugesteht.

Das Wort »Freiraum« setzt sich aus den beiden Wörtern »frei« und »Raum« zusammen. Die ursprüngliche Bedeutung des Wortes »frei« gibt einen wertvollen Blick auf das, was der Freiraum für ein Paar bedeutet: Das Wort »frei« gehört zu einer indogermanischen Wurzel mit der Bedeutung »schützen, schonen, gern haben, lieben«. Es ist verwandt mit den Wörtern »Friede« und »Freund«. Auch die »Umfriedung«, das »eingefriedete« Gelände, leiten sich davon ab.

Ein Freiraum ist ein Raum, in dem die beiden Partner sich sicher und frei fühlen. Sie sind im wahrsten Sinne des Wortes freund-lich miteinander.

Es gibt viele Möglichkeiten für Freiräume. Es gilt, sie zu

entdecken. Dabei ist es auch schön, bewusst von Freiräumen zu sprechen und dieses Wort gezielt in die Sprache aufzunehmen. Seien Sie dabei bitte achtsam, dass Sie es in der bejahenden Weise tun. Bereits dies wird eine wohltuende, befreiende Wirkung haben.

Zeit zu zweit

Ein Paar hat immer die Möglichkeit, sich einen Freiraum zu schaffen, der nur ihnen beiden allein gehört. Das gilt für jegliche Lebenssituation. Oftmals meinen Partner, sie hätten dafür zumindest manchmal beim besten Willen keine Zeit. Doch gibt es immer Mittel und Wege, sich solche Freiräume zu schaffen.

Es ist die Partnerschaft, die die beiden Partner trägt. So ist es von fundamentaler Bedeutung, etwas für die Partnerschaft oder für die Ehe zu tun. Darauf baut ein Paar alles Weitere auf. Die Pflege der Partnerschaft ist so etwas wie eine Grundsicherung: Sie sichert den Grund, das Fundament, auf dem die beiden Partner stehen.

Sie können beispielsweise einmal im Monat einen festen Tag dafür festlegen und in Ihren Kalender eintragen. Das ist Ihr gemeinsamer Abend. Er gehört nur Ihnen beiden. Auch ein übervoller Terminplan sollte kein Grund sein, einen solchen Abend zu streichen. Es liegt an jedem selbst, sich diese Zeit zu zweit zu gönnen. Es stellt sich hier die Frage nach den Prioritäten.

Auch und gerade für junge Eltern ist es wichtig, dass die beiden Partner immer wieder etwas einfach nur zu zweit machen können. Bei aller Liebe für die Kinder braucht ein Paar neben den Aufgaben für die eigene Familie und das weitere soziale Umfeld auch Raum und Zeit für sich. Sonst verlieren sie sich allzu leicht in den zahlreichen alltäglichen Aufgaben.

Dies bedeutet, dass sie sich in gewissen Abständen immer wieder Zeit zu zweit gönnen und ihre Kinder einem liebevollen Babysitter anvertrauen. Dies kann ein Abend, ein Tag oder auch ein Wochenende sein. Bei solchen Gelegenheiten können sie als Paar auftanken. Sie sind dann als Paar allein und brauchen auf niemanden anderen Rücksicht zu nehmen.

Dann können sie Dinge tun, die ihnen Freude machen. Sei es, dass sie sich Kultur gönnen oder Natur oder auch morgens einfach lang liegen bleiben und miteinander im Bett frühstücken, so wie sie es vielleicht früher gemacht haben, als noch keine Kinder da waren. Sie können auch ausgiebig miteinander Gespräche führen und sich einander in dem sicheren Wissen öffnen, nun ganz für sich zu sein.

Solche Zeiten zu zweit sind ein Labsal für die Seele und damit eine Wohltat für die Partnerschaft oder Ehe. Es ist wünschenswert für Eltern, dass sie immer wieder einmal etwas zu zweit machen. Das tut ihnen selbst gut, und die Kinder erleben dabei, dass die Eltern sich wichtig genug sind, um auch einmal etwas für sich zu zweit zu machen. Das hilft den Kindern, ihre Position im Familiengefüge klar einzunehmen und sich darin geborgen zu fühlen.

Jeder darf etwas für sich machen
Neben dem gemeinsamen Freiraum zu zweit brauchen beide Partner auch individuelle Freiräume. Sie sind wichtig. Nur dann können beide Partner bei aller Liebe und bei aller Freude am Gemeinsamen ihre Eigenständigkeit wahren. So bleibt ihnen die Luft zum Atmen.

In der ersten Zeit einer Partnerschaft machen beide Partner so viel gemeinsam, wie es ihnen möglich ist. Es zieht sie magnetisch zusammen. Sie genießen ihr Glück zu zweit, und am liebsten jede Sekunde zu zweit. Sie finden sich und lernen einander immer besser kennen.

Dann wächst die Partnerschaft, und beide entwickeln bei aller Nähe und Liebe ihre individuelle Eigenständigkeit innerhalb ihrer Partnerschaft. Dann beginnen die beiden, sich wieder mit ihren Freunden oder Freundinnen zu treffen, ohne dass der Partner immer dabei sein soll oder auch darf.

Es ist völlig normal und wünschenswert, dass jeder der beiden Partner auch eigene Interessen hat und dafür Zeit findet. Die Basis dafür ist die Zeit zu zweit, die sich ein Paar bei anderen Gelegenheiten gönnt.

Manche Menschen reagieren verunsichert, wenn der Partner nach der ersten Zeit der Verliebtheit auf einmal auch eigene Interessen und Freiräume anmeldet. So erging es auch Miriam und Thorsten. Miriam wollte alles in ihrer Freizeit mit Thorsten machen. Sie verstand es nicht, dass er Freude daran hatte, auch einmal etwas mit seinen Freunden und Brüdern allein zu unternehmen. Sie fühlte sich abgelehnt.

Miriam und Thorsten

Miriam und Thorsten sind beide Anfang dreißig. Sie kennen sich seit vier Jahren, und vor einem Jahr haben sie geheiratet. Sie bauen sich derzeit ihr Traumhaus am Stadtrand. Das erfüllt sie mit großer Freude. Alles wäre gut, wenn da nicht Miriams Schwierigkeiten wären, Thorstens Bedürfnis nach seinen persönlichen Freiräumen anzuerkennen.

Sie hatte ein solches Bedürfnis gar nicht. Ganz im Gegenteil wollte sie Thorsten so viel wie möglich um sich haben. Sie war so froh, dass sie Thorsten hatte, wie sie es ausdrückte. Doch wollte er sich nicht »haben« lassen. Es war für Miriam wichtig, hier etwas dazuzulernen. Sonst hätte es ihr passieren können, dass sich Thorsten allzu sehr eingeengt fühlt und infolge dessen das Weite sucht.

Ein Hinweis auf der sprachlichen Ebene half ihr nachhaltig aus ihrer Sackgasse. Damit konnte sie etwas anfangen. Es gelang ihr innerhalb weniger Wochen allein durch eine scheinbar kleine Änderung auf der sprachlichen Ebene, ihre innere Haltung zu ändern. Damit war dann wirklich alles gut. Thorsten durfte seine Ausflüge machen und konnte sie mit gutem Gewissen genießen. Sie begann, diese freie Zeit für sich so zu gestalten, dass es für sie beide schön war.

Welchen sprachlichen Hinweis habe ich ihr gegeben?

Ich lauschte damals auf Miriams Sprache und sah eine Entsprechung zwischen ihrer Art zu sprechen und ihrer Schwierigkeit, Thorsten seine Freiräume zu ermöglichen. Die Entsprechung fand ich in ihrem Satzbau.

Sie sprach ohne Punkt und Komma und bildete komplizierte Schachtelsätze. Ihre Stimme blieb am Satzende fast durchgehend oben, wie bei einem Fragesatz. Es war mühsam, ihr zu folgen. Es war markant, dass sie zwischen den Sätzen so gut wie keine Pause machte. Dieses Fehlen von gesunden Abständen zwischen den Sätzen entsprach der Schwierigkeit, auch im Leben Freiräume aushalten zu können.

Ich brachte ihr die Bogensätze bei. Sie lernte in den nächsten Wochen, kurze, vollständige Sätze zu bilden. Danach lernte sie, ihre Stimme am Satzende abzusenken und so auf den Punkt zu kommen. Dabei machte sie auch eine kurze Pause zwischen den Sätzen. Das klingt einfach. Doch war dies eine riesige Herausforderung für Miriam.

In einem nächsten Schritt gab ich ihr die Anregung, ihre Sätze mit bunten Adjektiven zu schmücken und so ihre Darstellungen lebendig werden zu lassen. Miriam hatte mehr und mehr Freude daran, ihre Sätze so zu bilden. Die Bogensätze gelangen ihr immer besser, und sie spürte deren ordnende Wirkung.

Die Hektik und die Unsicherheit wichen aus ihrer Sprache und machten einer klaren und gleichzeitig frischen Ausstrahlung Platz. Sowohl Miriam als auch Thorsten waren damit glücklich. Die Bogensätze hatten die angestrebte Wirkung: Sie haben Miriam geholfen, ihrem Mann und auch sich selbst Freiräume zu gönnen.

Übung

Ich empfehle Ihnen, das Wort »Freiraum« in Ihre Sprache aufzunehmen.

Sie können es im Singular oder auch im Plural gebrauchen. Sie können zum Beispiel auf Freiräume achten oder sich Freiräume ermöglichen.

Sie können sich Ihren Freiraum bildlich darstellen. Nehmen Sie dafür etwa zwanzig Steine oder Kastanien. Stellen Sie sich in die Mitte und legen Sie dann die Steine um sich. Gönnen Sie sich genug Raum, dass Sie Ihre Arme ausstrecken können.

Drehen Sie sich langsam in Ihrem Kreis. Dazu können Sie sagen: »Das ist mein Freiraum.« Fühlen Sie diesen Kreis und füllen Sie ihn mit Ihrer Aufmerksamkeit. Machen Sie diese Übung für eine Weile jeden Tag oder jeden zweiten Tag.

Beobachten Sie in der Folge, was geschehen wird. Ich wünsche Ihnen viele schöne Erfahrungen!

7. Das Paar und die anderen

Ein Paar ist immer eingebettet in sein soziales Umfeld. Es gibt immer »die anderen«, mit denen es in einer Wechselwirkung steht. Für ein Elternpaar sind »die anderen« als Erstes die Kinder. Zu »den anderen« gehören natürlich auch die Eltern und Schwiegereltern, die Geschwister, die Nachbarn, Freunde und wer sonst noch zu dem individuellen Netzwerk gehört.

Hier tut sich ein beglückendes und spannendes Feld auf. Hier gibt es für jeden Menschen reichlich Gelegenheit zu üben. Wenn ein Paar damit beginnt, dann können beide auch außerhalb ihrer Partnerschaft üben. Die Belohnung wird auf doppelte Weise zu ihnen zurückkommen: Zum Ersten gewinnen sie durch das eigene Üben immer mehr Sicherheit im Umgang mit der Sprache, und dies stärkt sie selbst. Zum Zweiten können sie auf dieser Basis jeglichen Kontakt so gestalten, dass es ihnen mit den anderen gut geht.

Das ist herrlich! Stellen Sie sich vor, Sie würden den Kontakt mit allen Ihren Mitmenschen so gestalten können, dass Sie sich nicht mehr ärgern oder genervt fühlen. Das sind wundervolle Aussichten!

Aus dem weiten Spektrum der Möglichkeiten wähle ich beispielhaft drei Situationen: eine Situation mit Kindern, eine mit einer Nachbarin und eine weitere mit der Schwiegermutter. Sie lassen sich leicht auf viele weitere Situationen übertragen. Der Schlüssel ist immer die wertschätzende, klare Sprache.

Die Kinder

Kinder sind ein großes Geschenk. Sie sind die Krönung einer jeden Partnerschaft und bringen viel Freude und Leben.

In einer Familie mit Kindern gibt es vielerlei Situationen im Alltag, in denen Kinder mit ihren Wünschen und Bedürfnissen die volle Aufmerksamkeit beider Eltern oder eines Elternteils in Anspruch nehmen. Es ist für die Eltern wichtig, hier immer wieder das rechte Maß zu finden und neben den Bedürfnissen der Kinder auch die Bedürfnisse des Partners im Blick zu haben und natürlich auch die eigenen.

Ich nenne als ein Beispiel eine ganz alltägliche Gesprächssituation aus einer Familie mit zwei kleinen Kindern.

Viola
Frank und Kerstin haben eine dreijährige Tochter, Viola, und einen Sohn von sechs Monaten, den kleinen Sven. Sie leben in einem geräumigen Haus im Vorstadtbereich. Dort haben sie für ihre wachsende Familie einen schönen Rahmen geschaffen.

Die Kinder fordern ihre Eltern heraus. Vor allem Viola probiert immer wieder, was sie tun darf und was nicht. Sie fordert durch ihr Verhalten klare Grenzen und Regeln ein.

Seit einiger Zeit unterbrach sie ihre Eltern regelmäßig, sobald sie anfingen, miteinander zu reden. Sie drängelte sich einfach dazwischen und redete los. Dabei steuerte Viola immer geradewegs auf den Vater zu und sprach nur ihn an. Das regte Frank ganz besonders auf. Viola tat einfach so, als ob ihre Mama gar nicht da wäre. Sie ignorierte sie einfach.

Der Blick auf Franks Sprache ermöglichte eine Wende. Letztlich war es für Frank auf einmal ganz einfach, seine Tochter zu stoppen und ihr liebevoll den ihr zustehenden Platz zuzuweisen. Er hatte Viola durch die Art, wie er sie zurechtwies, eine missverständliche Botschaft gegeben. Folglich hatte sich Viola weiterhin dazwischengedrängt.

Frank hatte schon wiederholt versucht, Viola dieses Verhalten abzugewöhnen, doch ohne den gewünschten Erfolg. Von der Sache her wusste er, was er erreichen wollte: Er wollte Viola auffordern, einen Moment zu warten und die Eltern aussprechen zu lassen. Doch gelang es ihm nicht, sie davon abzubringen.

Frank bat mich im Rahmen eines unserer Seminare um eine Empfehlung. Daraufhin fragte ich ihn:

»Was sagen Sie, wenn Sie Ihre Tochter kommen sehen und noch rechtzeitig am Reden hindern wollen?« Ich wollte wissen, was Frank seiner Tochter in diesem Moment genau sagte. Ich wollte den Wortlaut hören und den Tonfall.

Frank antwortete: »Ich sage nur eins: ›Viioolaa‹.« Dabei zog er die Vokale lang und ging mit der Stimme am Ende des Namens immer weiter nach oben. So klang es am Ende wie mehrere Fragezeichen auf einmal: »Viola???«

Das war ein wichtiger Schlüssel. Ich sagte zu Frank: »Mit dieser Satzmelodie stellen Sie Ihrer Tochter eine Frage. Auf diese Weise fordern Sie sie auf zu sprechen. Wollen Sie das?« Er stutzte: »Nein, ich will Viola natürlich keine Frage stellen. Ich will sie auffordern, zu warten oder sich weiter selbständig zu beschäftigen.«

Ich sagte weiter: »Das glaube ich Ihnen. Doch stellen Sie ihr mit der fragenden Satzmelodie von ›Violaaa?‹ eine Frage. Außerdem sagen Sie ihr nicht, was sie tun oder lassen soll. Damit sind Sie in Ihrem eigenen Sprechen und Denken nicht ausreichend klar. Viola spürt das und macht, was sie will. Und sie merkt, dass Sie sich ärgern. Sie macht ein Spielchen mit Ihnen.«

Frank bat mich um einen Tipp, wie er in Zukunft vorgehen kann. »Ich zeige Ihnen die drei wesentlichen Schritte für einen souveränen Gesprächsbeginn: Das ist am Anfang die wertschätzende Kontaktaufnahme mit dem Namen. Als Zweites folgt der Rahmen. Mit ihm sagen Sie Ihrer Tochter, worum es gerade geht und was Ihnen wichtig ist. Als Drittes und Letztes folgt die klare Ansage. Da sagen Sie Ihrer Tochter, was sie tun soll.«

Ich machte Frank bewusst, dass er mit dem Namen nur den ersten Schritt gemacht hatte. Die beiden weiteren Schritte hatten gefehlt. Daraufhin bat ich ihn, seine Tochter in seiner Vorstellung noch einmal anzusprechen und dabei alle drei Schritte zu beachten. Ich wünschte ihm, dass er in Zukunft Violas Namen immer wertschätzend und wohlwollend aussprechen kann, selbst wenn er ärgerlich ist. Der Name soll niemals wie ein Schimpfname klingen.

Frank fügte die drei Schritte zusammen und sagte: »Viola! Mama und ich sind gerade im Gespräch. Du darfst dich zu uns setzen. Warte bitte!«

Das klang jetzt klar und fest. Frank wirkte souverän. Er hatte eine sichere Ausstrahlung und wirkte nicht mehr genervt.

Dann fragte ich ihn: »Stimmen diese Sätze für Sie?«, und fügte an: »Es ist wichtig, dass Sie eine Variante finden, mit der Sie sich wohlfühlen und die Sie auch gern gebrauchen.« Frank ging es gut mit dieser Lösung.

Die klaren, zielorientierten Sätze sind dabei der wesentliche Schlüssel für einen gelungenen Gesprächsbeginn. Der Satzbau und die Wortwahl entsprechen jetzt dem, was Frank seiner Tochter mitteilen will. Jeder Satz transportiert ein klares Bild. Diese Bilder kommen bei Viola an. So weiß sie, was ihr Vater von ihr will.

Außerdem hat Frank an Ausstrahlung gewonnen. Mit den neuen Sätzen wirkt er klar und sicher. Auch das macht es Viola leicht, ihrem Vater zu folgen.

Frank konnte diese Empfehlung in der Folge in vielerlei privaten und auch beruflichen Situationen nutzen. Sie hat eine Wende in seinem Ehe- und Familienleben bedeutet. Auf einmal wurde es leicht für ihn, sich und seiner Frau Freiräume zu erhalten. Die Tochter hörte auf, sich zwischen die Eltern zu drängen. In der Folge gelang es Frank und auch seiner Frau immer besser, der Tochter und später auch dem Sohn klar zu sagen, was sie machen dürfen, oder auch, was sie machen sollen, und auch, was sie unterlassen sollen.

Der neu gewonnene Umgang mit der Sprache hat Frank und Kerstin als Paar gutgetan, und gleichzeitig hat er ihnen die Erziehungsarbeit erleichtert.

Die Nachbarn

Zum sozialen Umfeld eines Paares gehören neben der eigenen Familie auch die Nachbarn. Eine gute Nachbarschaft ist wunderbar. Dann haben Menschen ein gutes Wort für den anderen, leihen sich etwas, nehmen füreinander Pakete an oder helfen sich auch anderweitig aus. Kurzum, sie machen in vielen kleinen Dingen des Alltags einander das Leben leicht.

Ein gutes nachbarschaftliches Klima steht immer in einer Wechselbeziehung zu einem Paar. Eine freundliche Stimmung im Haus oder in der Straße bedeutet ein angenehmes Wohnumfeld. Eine belastete Nachbarschaft mit Streit und Hader wirkt sich nachteilig auf ein Paar und dessen Leben aus.

Die meisten nachbarschaftlichen Schwierigkeiten lassen sich leicht beheben, wenn die beteiligten Menschen miteinander reden und wertschätzend miteinander umgehen. Jeder kann den Anfang machen. Der bewusste Umgang mit der Sprache kann wahre Wunder bewirken.

Es gibt großartige Nachbarn, und es gibt auch solche, die für ihr Umfeld immer wieder einmal eine Herausforderung sind. Wie und wer auch immer die Nachbarn sind, es liegt an jedem Einzelnen, daraus einen angenehmen Kontakt entstehen zu lassen. Das geht so gut wie immer.

Dies stelle ich an einem Beispiel dar.

Frau Meier sucht Anschluss

Franziska lebt mit ihrem Mann Jürgen in einem Zweifamilienhaus. Sie teilen sich das Haus mit einer älteren Dame, Frau Meier. Sie war für Franziska und ihren Mann anstrengend. Wann immer es Frau Meier möglich war, verwickelte sie vor allem Franziska im Vorgarten oder im Treppenhaus in ein Gespräch. Es war ihr dabei egal, ob Franziska gerade aus dem Haus gehen wollte oder ob sie noch im Mantel vom Büro oder Einkaufen heimkam.

Franziska hatte schon etliche Vermeidungsstrategien entwickelt, um Frau Meier zu entkommen. Doch half das nur bedingt. Die Situation fing an, verkrampft zu werden. Franziska fühlte sich der Nachbarin ausgeliefert. Sie fand sie taktlos und aufdringlich.

Ich stellte Franziska erst ein paar Fragen. Danach schaute ich mit ihr, welche sprachlichen Hinweise ich ihr geben kann. Ich erfuhr, dass die Nachbarin alleinstehend war. Sie war schon eine ganze Weile nicht mehr berufstätig und viel allein. Ihre Kinder wohnten weit weg, und sie war nicht mehr rüstig genug, um viel zu unternehmen. Sie war etwas einsam und ersehnte sich zumindest ein wenig Familienanschluss. Mit diesem neuen Blickwinkel wuchs später Franziskas Verständnis für ihre Nachbarin.

»Franziska, manchmal erwischt dich deine Nachbarin im Treppenhaus oder im Vorgarten. Sagst du dann etwas zu ihr? Und wenn du etwas sagst, was sagst du genau?«

»Na ja, ich bin gut erzogen. Ich sage dann: ›Guten Morgen, Frau Meier‹, oder, je nach Tageszeit: ›Guten Abend, Frau Meier. Wie geht es Ihnen?‹ Das gehört sich doch einfach so!«

»Ich höre, dass du deine Nachbarin mit ihrem Namen ansprichst. Damit achtest du sie. Danach stellst du ihr eine Frage. Wenn du sie fragst, wie es ihr geht, dann machst du Tür und Tor auf! Frage sie das bitte nur, wenn du auch Zeit für die Antwort hast. Sonst enttäuschst du sie nur. Ansonsten sag ihr einfach etwas Nettes! Gib ihr ein gutes Wort mit in den Tag. Sie wird sich daran erinnern und ihre Freude haben. Das ist eine wichtige Funktion des Smalltalks. Smalltalk ist Kraulen mit schönen Wörtern. Sag ihr, dass die Sonne scheint, dass die Vögel singen oder sonst etwas Schönes. Dir wird schon etwas in den Sinn kommen. Erlaube dir, diese Kunst zu entwickeln und zu pflegen!«

Das waren meine sprachlichen Hinweise für Franziska.

Dem fügte ich noch einen weiteren Hinweis an. Er betraf die Art, wie die beiden Nachbarinnen ihren Kontakt gestalten. Ich war überzeugt, dass die alleinstehende Frau Meier und Franziska mit ihrem Mann wechselseitig viel voneinander profitieren können, wenn sie einmal einen geeigneten Weg gefunden haben werden, gut miteinander umzugehen. So schaute ich mit Franziska nach einem möglichen Lösungsansatz. Wichtig war für sie, dass sie selbst den Zeitpunkt bestimmen kann, wann sie ihrer Nachbarin Zeit schenkt.

Dafür fand Franziska einen Weg. Sie sagte sich, dass sie einmal in der Woche bereit ist, sich mit ihrer Nachbarin für eine halbe Stunde oder Stunde zusammenzusetzen und mit ihr einen gemütlichen Plausch zu haben. Das führte sie ein. Sie hatten dafür einen festen Tag gewählt. Frau Meier merkte bald, dass sie sich auf diese gemeinsame Zeit verlassen kann. Sie hörte auf, Franziska im Treppenhaus nachzulaufen. Franziska hat ihrer Nachbarin eine Gelegenheit gegeben, den

Kontakt zu pflegen und ihre Einsamkeit ein Stück weit zu überwinden. Sie war glücklich und dankbar.

Als Dank begann sie schon bald damit, Franziska und ihrem Mann regelmäßig einmal in der Woche einen selbstgebackenen Kuchen zu bringen. Sie fragte, ob ihnen das recht sei. Jürgen staunte und freute sich, wie leicht und angenehm der ehedem so belastete Kontakt zu Frau Meier auf einmal geworden war. Am Ende waren alle glücklich, einander als Nachbarn zu haben.

Diese Wende hatte Franziska selbst eingeleitet. Der Schlüssel dazu war ihre geänderte innere Einstellung zu der Nachbarin.

Die Eltern und Schwiegereltern

Neben den eigenen Kindern und Nachbarn spielen die Eltern und Schwiegereltern eine große Rolle im Leben eines Paares.

Es ist von eminenter Bedeutung für ein Paar, dass beide Partner mit ihren Eltern im Reinen sind und sie achten. Dadurch werden beide wahrhaft frei für eine erfüllte Partnerschaft. Dazu gehört auch, dass beide Partner die Eltern des Partners achten.

Hierzu sei gesagt, dass der Begriff »achten« nicht beinhaltet, dass wir alles gutheißen, was unsere Eltern und Schwiegereltern gemacht haben. Es geht einzig darum, unsere Eltern und Schwiegereltern als solche anzuerkennen und zu achten. Sie haben uns das Leben geschenkt, und von ihnen und durch sie haben wir unsere Talente mit auf den Lebensweg bekommen.

Wir können unsere Talente erst dann zur vollen Entfaltung bringen, wenn wir unsere Eltern wirklich annehmen und achten. Es geht beim Achten der Eltern um uns selbst!

Im Achten der Eltern liegt der Schlüssel zur inneren Freiheit und zum vollen Glück.

Das vierte Gebot ist das einzige Gebot, das den Nutzen benennt: Achtet eure Eltern, auf dass es euch gut geht auf der Erde. Das ist eine wichtige Botschaft für jedes Paar und auch für jeden, der sich eine Partnerschaft wünscht.

Der bewusste Umgang mit der Sprache erleichtert den erwachsenen Kindern einen wertschätzenden Umgang mit ihren Eltern und Schwiegereltern. Ebenso erleichtert er diesen einen ebensolchen Umgang mit ihren erwachsenen Kindern und Schwiegerkindern.

Daniela und ihre Schwiegermama

Daniela und ihr Mann sind ein glückliches Paar. Sie gehen achtsam und wertschätzend miteinander um. Daniela will auch mit ihrer Schwiegermutter wertschätzend umgehen. In manchen Situationen hat sie noch keine gute Lösung dafür gefunden. Das betrifft vor allem die oft langen Telefongespräche. Sie kommen für Daniela meist unvermittelt, und der Zeitpunkt und auch die Dauer passen ihr oft gar nicht.

Daniela schilderte den aus ihrer Sicht typischen Ablauf der Anrufe. Es ist fast immer die Schwiegermutter, die anruft. Sie sagte, dass sie und ihr Mann bei ihr eher selten anrufen, da diese ja oft genug von sich aus bei ihnen anrufe. Im Allgemeinen ist es so, dass die Schwiegermutter erst kurz mit ihr spricht und dann recht schnell nach ihrem Sohn fragt. Wenn er nicht da ist, dann telefoniert sie mit Daniela.

Das ist der Schwiegermutter dann auch recht. Die Schwiegermutter fragt Daniela nie, ob es Daniela gerade passt, und sie fragt sie auch nicht, ob sie vielleicht auch ihrerseits etwas erzählen will. Das frustriert Daniela. Gleichzeitig mag Daniela ihre Schwiegermutter wirklich gern, und sie will mit ihr auch gut umgehen.

Ich fragte Daniela, was sie sagt, wenn die Schwiegermutter anruft. Und ich fragte sie auch, was sie gleichzeitig denkt. Ihre Antwort war klar: » Ich freue mich, dich wieder zu hören!« Dabei dachte sie gleichzeitig: »Oh weh, das kann wieder lang dauern!« Sie lachte und sagte: »Ja, so ist das eben. Ich will ja ehrlich sein.«

»Du sagst, dass du dich freust, deine Schwiegermutter wieder zu hören. Achte bitte auf die Formulierung mit dem ›Hören‹. Damit forderst du sie natürlich auf zu reden. Denn nur dann kannst du sie hören! Ist dir deine Einladung bewusst?« Daniela stutzte einen Augenblick, dann sagte sie: »Das stimmt! Das ist wahr! Darüber habe ich mir noch nie Gedanken gemacht.«

Sie probierte dann einige sprachliche Alternativen aus, bis sie ein paar Varianten gefunden hatte, mit denen sie glücklich war.

Auf dem Weg dahin galt es, einiges zu klären. Allem voran fragte ich, ob die Schwiegermutter allein lebt und vielleicht einsam ist. Das würde mit sich bringen, dass sie schlicht und ergreifend einen großen Bedarf hat, einmal reden zu dürfen und einen Menschen zu finden, der ihr zuhört. Damit waren wir auf einer richtigen Spur. Sie hatte Sehnsucht nach ihrer Familie. Mit diesem Blickwinkel wuchs Danielas Verständnis für die inzwischen alte Dame.

Meine nächste Frage galt dem Hörvermögen: »Daniela, du hast gesagt, dass deine Schwiegermutter bei ihren Anrufen fast nur selber redet. Kann es sein, dass sie schwerhörig ist?« »Ja, das stimmt. Sie hört schlecht. Auch meinen Mann versteht sie kaum.« Ich antwortete: »Ich verstehe deine Schwiegermutter immer besser. Mit Blick auf ihre Schwerhörigkeit ist es einsichtig, dass sie den Schwierigkeiten ausweichen will und sich bei den Anrufen ins Reden flüchtet.«

Hierfür gibt es zum Glück verschiedene technische Hilfs-

mittel, auch speziell für das Telefon. Sowohl Hörgeräteakusti-
ker als auch Hersteller von Telefonen können ihr bei dieser
Fragestellung weiterhelfen.

Nachdem wir auch dies geklärt hatten, griff ich wieder die
konkrete Situation des Anrufs auf: Wie kann Daniela in Zukunft das Gespräch von Anfang an in eine für beide Seiten er-
freuliche Richtung lenken? Hierfür kann sie neben den
sprachlichen Hinweisen zwei weitere Aspekte beachten.

Zuerst betrachtete ich mit ihr mögliche Gesprächsthemen.
Daniela kann ihre Schwiegermutter beispielsweise an ihrer
augenblicklichen Situation teilhaben lassen und ihr sagen,
was sie gerade macht. Das kann dann so klingen: »Das trifft
sich gut. Du findest mich gerade auf meiner Terrasse an. Da
sitze ich mit einer Tasse Tee in der Sonne und gönne mir eine
Pause.« So lässt sie sie an ihrem Leben teilhaben. Das freut
die Schwiegermutter vermutlich. Daraus kann sich dann ein
Gespräch entwickeln.

Danach empfahl ich Daniela, für das Telefonat einen zeitlichen Rahmen zu nennen. Dann können sich beide darauf
einstellen. Sie kann ihr beispielsweise sagen, dass sie gerne
mit ihr eine Viertelstunde telefoniert und dann wieder ihre
Gartenarbeit aufnimmt oder was immer sie als Nächstes tun
will. So kann sie mit Freude mit ihrer Schwiegermutter einen
Schwatz halten und weiß, dass sie die Dauer des Gesprächs
selbst bestimmen kann und danach leicht mit ihrem Zeitplan
klarkommen wird.

Nun bot ich ihr an, in ihrer Vorstellung ein Telefongespräch mit ihrer Schwiegermutter auszuprobieren und den
Anfang bewusst zu gestalten. Daniela lachte vergnügt und
meinte: »Ich werde bestimmt nicht anfangen mit: ›Es ist
schön, dich zu hören!‹ Das wird jetzt etwas ganz Neues. Ich
probiere es!«

Daniela hatte sichtliche Freude daran, ihren nächsten Gesprächsstart zu gestalten. Dann sammelte sie sich und begann: »Du, das passt gerade gut. Ich sitze gerade auf meiner Terrasse, du weißt ja, die kennst du ja. Und da mache ich gerade schnell eine Pause, zu mir kommt nämlich in einer Viertelstunde ein Handwerker, wegen des Umbaus, davon haben wir dir ja erzählt. Da können wir bis dahin schön miteinander telefonieren!«

Die Richtung stimmte für Daniela. Mit diesem vorgegebenen Thema fühlte sie sich viel wohler. Den zeitlichen Rahmen empfand sie als eine deutliche Entlastung. Nun lenkte ich Danielas Blick auf die Sprachstruktur.

Ihre Sätze waren lang und verschachtelt. Es fehlte ihnen eine klare Struktur. Folglich wirkt auch Daniela so, als ob es ihr an einer klaren Struktur fehlt, auch mit Blick auf den Tagesablauf. Mit einem solchen ungeordneten Satzbau macht sie ihrem Gesprächspartner immer Tür und Tor auf für langatmige Gespräche. Darauf machte ich sie aufmerksam und ermunterte sie, die gleiche Situation noch einmal zu wiederholen. Dabei sollte sie dieses Mal die Sätze ganz klar strukturieren und nur Hauptsätze gebrauchen.

Dann erklärte ich ihr den Grund: »Bei Hauptsätzen bildest du kurze, klare Aussagen. Du wirst dabei merken, ob die Reihenfolge deiner gedanklichen Schritte stimmt. Das ist eine wunderbare Übung, um generell mehr Klarheit zu entwickeln. Bist du bereit?«

Daniela begann: »Du, das passt gerade gut. Ich sitze gerade auf der Terrasse. Du kennst unsere Terrasse! Da mache ich gerade schnell eine Pause. Zu mir kommt nämlich in einer Viertelstunde ein Handwerker. Es geht um den Umbau. Davon haben wir dir ja erzählt. Da können wir bis dahin schön miteinander telefonieren!«

Sie strahlte und meinte dann nach einer kurzen Pause: »Puh, das ist anstrengend! Da muss ich mich richtig konzentrieren! Aber das klingt gut. Es fühlt sich zumindest gut an. Das ist irgendwie ruhiger!« Sie lachte fröhlich.

»Bei der neuen Variante ist deine Satzmelodie im Einklang mit dem Satzbau. Du hast jetzt am Satzende die Stimme abgesenkt. Damit hast du hörbar einen Punkt gemacht. Ich weiß, dass du schon einige Zeit Bogensätze geübt hast. Jetzt konntest du sie spontan anwenden. Das ist ein großer Schritt. Ich gratuliere dir!«

Dann bot ich Daniela noch einen letzten Feinschliff an. Er betrifft das allererste Wort, das sie zu ihrer Schwiegermutter sagt.

»Und was ist das?«, wollte sie wissen.

»Ganz am Anfang eines jeden Gesprächs steht die Kontaktaufnahme. Es ist hilfreich, ihr eine hohe Aufmerksamkeit zu schenken. Wenn ein guter Kontakt besteht, dann kann nicht mehr viel schiefgehen. Dazu gehört, dass der Gesprächspartner sich gesehen und wahrgenommen fühlt. Du hast einfach gesagt: »Du, das passt gut.« Ersetze das »Du« bitte durch ihren Namen. Du wirst merken, dass dies eine andere Wirkung hat.«

Daniela griff den Hinweis auf und wiederholte noch einmal den Beginn des Gesprächs. Er klang jetzt so: »Margarete, das passt mir gerade gut. Ich sitze gerade auf unserer Terrasse. Du kennst unsere Terrasse! Da mache ich gerade eine Pause.«

Ich lächelte sie an und freute mich mit ihr. Mit der gewandelten Ansprache hatten sich ganz von allein zwei weitere Änderungen ergeben: Im ersten Satz hatte sie ein »Mir« eingefügt: Sie sagte jetzt: »Das passt mir gerade gut.« Und danach ließ sie spontan das »Schnell« weg: Sie machte jetzt eine Pause und nicht mehr »schnell eine Pause«. Daniela hatte beides selbst gar nicht bemerkt.

So ist es oft: Wenn jemand an der gewohnten Ausdrucksweise auch nur eine Kleinigkeit ändert, dann ändert sich in der Folge oft der ganze Satz. Hier war die Änderung von der geänderten Kontaktaufnahme ausgegangen: Statt »Du, …« sagte Daniela nun: »Margarete, …«

Ich fragte Daniela: »Fühlst du dich mit diesen Sätzen wohl?«

»Ja, damit geht es mir gut. So kann ich mir mein nächstes Telefongespräch gut vorstellen. Ich freue mich schon richtig darauf, dass Margarete wieder anruft!« Sie lachte herzlich. Dann fügte sie an: »Und mein Mann wird sich auch freuen. Er weiß ja, dass ich mit den Anrufen seiner Mutter oft nicht so recht klarkam. Das kann sich nun ändern!«

8. Die Kunst, Konflikte zu lösen

Konflikte und Auseinandersetzungen gehören zum Leben dazu. Es ist wichtig, ehrlich mit ihnen umzugehen. So zu tun, als ob sie nicht da wären, hilft nicht weiter, zumindest nicht auf Dauer.

Das Wort »Konflikt« leitet sich von dem lateinischen Wort »conflictus« ab. Es bedeutete ursprünglich »Zusammenprall, Kampf«. Es ist im Allgemeinen hilfreich, Streitigkeiten und Unstimmigkeiten schon zeitnah anzusprechen und sie nicht lange in sich hineinzufressen. Es gilt natürlich die alte Regel, gerade bei einem großen Ärger einmal darüber zu schlafen und erst am nächsten Tag die Situation anzusprechen. Diese Vorgehensweise steigert die Chance für ein gutes Gespräch und damit für eine gute Lösung erheblich.

Wie gesagt: Es gibt Konflikte und Ärgernisse. Es gilt, sie anzusprechen und die Ärgernisse und Unstimmigkeiten offen darzulegen. Und dann gilt es, gemeinsam einen Weg zu finden, der für beide stimmig ist. Das geht auch ohne Streit und Zank.

Grundsätzlich ist hier eine klare, wertschätzende Sprache eine große Hilfe. Alle Hinweise zum achtsamen Umgang mit der Sprache, die Sie bis hierher schon gelesen haben, sind auch bei schwierigen Gesprächen eine große Hilfe. Speziell mit dem Blick auf Konflikte und Streit lenke ich zusätzlich den Blick auf eine friedliche Sprache. Sie erleichtert es den beiden Partnern, friedvoll und wertschätzend miteinander umzugehen.

Es gibt für Konfliktgespräche durchaus eine recht kämpferische, aggressive Sprache und einen entsprechenden Wortschatz. Da führen Menschen Wortgefechte, sie werfen sich Bemerkungen an den Kopf, sie antworten schlagfertig und führen Argumente ins Feld, als ob sie in einen Krieg zögen. Die übliche Alltagssprache kennt viele solche Wörter.

Eine kämpferische, aggressive Sprache begünstigt verletzende, bissige Bemerkungen. Diese führen nur zu neuen Verletzungen und Kränkungen. Sie helfen nicht weiter.

Ich wünsche Ihnen, dass Sie wach werden für die weit verbreitete aggressive Sprache. In einem zweiten Schritt können Sie beginnen, friedvolle sprachliche Alternativen zu finden. Dann können Sie bewusst eine friedvolle, wertschätzende Sprache pflegen.

Eine solche Sprache trägt erheblich zur Deeskalation von Konflikten bei. Ja, mehr noch: Sie ermöglicht es beiden Seiten, schwierige Themen und Ärgernisse anzusprechen, ehe sich der Ärger zu einem Konflikt aufgeschaukelt hat.

Manch ein möglicher Konflikt wird gar nicht mehr zu einem Konflikt, da er sich schon lange vorher lösen lässt. So einfach ist das.

Wer ärgert wen?

Konflikte und Streitigkeiten beginnen meistens mit einem Ärger. Das kann ein Ärger sein, der beide Partner betrifft. Es kann auch ein Ärger sein, der in eine gänzlich andere Situation gehört und der demjenigen noch zu schaffen macht.

Oftmals entzündet sich ein partnerschaftlicher Streit an einem Ärger, den einer von beiden aus dem Büro mitgebracht hat. Das lässt sich leicht verhindern. In einer solchen Situation ist es hilfreich, wenn derjenige, der den Ärger mitbringt, seiner Partnerin sagt: »Ich habe heute einen Ärger mitgebracht. Der hat nichts mit dir zu tun.« Meistens hilft es schon, dem Partner einfach Zeit zu geben. Dann kann er in Ruhe daheim ankommen und sich neu sortieren.

Was ist überhaupt Ärger?

Bei dieser Frage hilft uns ein Blick auf die ursprüngliche Bedeutung des Wortes. Das Wort »Ärger« leitet sich von dem Verb »ärgern« ab. Dieses Verb bedeutet heute »erzürnen, reizen«. Das Wort »ärgern« leitet sich ursprünglich ab von dem Komparativ des Adjektivs »arg« mit der Bedeutung »schlimm, böse, schlecht«. Demnach bedeutet »ärgern« ursprünglich »schlimmer, böser, schlechter machen«.

Wenn jemand beim Ärgern etwas schlimmer, böser oder schlechter macht, dann hilft doch nur eines: Hören Sie mit dem Ärgern auf. Schauen Sie stattdessen ehrlich die Situation an und bringen Sie die Sache alsdann so gut als möglich in Ordnung. Das ist ein konstruktiver Ansatz.

Es hilft nichts, wenn jemand sich ärgert. Der Blick auf die ursprüngliche Bedeutung von »ärgern« rückt die Formulierung »Ich ärgere mich« in ein merkwürdiges Licht. Wieso sollte jemand sich selbst ärgern? Macht er sich dann selbst »schlechter, böser, schlimmer«?

Wie dem auch sei, es genügt, wenn andere Menschen uns ärgern. Wir brauchen da nicht auch noch selber mitmachen und sagen: »Du ärgerst mich. Ich mache da mit. Ich ärgere mich auch!« Das wäre ein törichtes Spielchen.

Wenn Menschen sich ärgern, dann gebrauchen sie dafür vielerlei Wörter. Mit den meisten schaden sie sich selber. Die einen sagen oft: »Ich bin sauer!«, oder sogar: »Ich bin stinksauer!« Wenn jemand dies oft sagt, dann kippt er damit auf Dauer sein Säure-Basen-Gleichgewicht.

Es gibt bemerkenswert viele Bezeichnungen für Ärger, die irgendein Organ angreifen: Die einen bekommen »so einen dicken Hals«, die anderen fühlen sich »tierisch genervt«. Wieder andere sagen, dass sie »die Nase voll« haben. Dann brauchen sie sich nicht zu wundern, wenn sie oft Schnupfen bekommen. Wieder anderen ist eine »Laus über die Leber gelaufen«. Stellen Sie sich das einmal bildlich vor!

Die Sprache lässt uns ahnen, dass es alles andere als gesund ist, auf diese Weise mit dem eigenen Ärger umzugehen.

Übrigens sollen wir nicht nur uns selbst nicht ärgern. Wir sollten auch andere Menschen nicht ärgern. Jeder ist verantwortlich für das, was er einem anderen Menschen antut. Es gibt wesentlich schönere Möglichkeiten, miteinander umzugehen, als sich oder andere Menschen zu ärgern.

Neben dem Wort »Ärger« gibt es auch noch den »Zorn« und die »Wut«. Sie unterscheiden sich wesentlich vom Ärger.

Das Wort »Wut« bezeichnet einen großen Ärger. Hier hat sich Ärger angestaut und wurde zur Wut. Die ursprüngliche Bedeutung des Wortes »Wut« führt in eine unerwartete Richtung, nämlich in die germanische Götterwelt. Das Wort »Wut« leitet sich laut Duden ab von dem althochdeutschen Adjektiv »wuot«. Es bedeutete »unsinnig, rasend«.

Die Wut hat also die Komponente des Unsinnigen. Sie beinhaltet die Gefahr, im Affekt etwas zu zerstören.

Anders ist es mit dem Zorn. Der Zorn ist immer gerichtet. Er hat ein klares Ziel. Er wendet sich gegen einen Missstand. Er wendet sich niemals gegen einen Menschen als solchen. Er greift immer nur seinen Fehler an.

Darum können wir auch von einem heiligen Zorn sprechen. Da darf jemanden schon der heilige Zorn packen, wenn er einen gravierenden Missstand sieht. Im Zorn wendet er sich entschieden gegen den Missstand. Den Menschen kann er weiterhin lieben.

Der Zorn will etwas in Ordnung bringen, was aus dem Lot geraten ist. So passt er gut zum Ärger, bei dem etwas »schlimmer, böser, schlechter« geworden ist. Im Zorn ist eine Kraft, die etwas in Ordnung bringen will.

Ich wünsche jedem Paar, dass beide Partner die Dinge und Situationen ansprechen, die sie ärgern oder bedrücken, noch ehe das klassische Fass zum Überlaufen kommt oder bevor es zu schwer wird, ein Thema anzusprechen.

Fehler eingestehen, sich und dem anderen

Irren ist menschlich, und Fehler kommen vor. Das ist so. Es ist wichtig, einen eigenen Fehler eingestehen zu können. Und es ist auch wichtig, Ärger und Enttäuschung anzusprechen und dabei ehrlich seine Gefühle und Gedanken zu sagen, wenn der Partner oder die Partnerin einen Fehler gemacht hat. Danach geht es darum, aus einem Fehler zu lernen und sich auf diese Weise weiterzuentwickeln.

Es ist von grundlegender Bedeutung, dass wir uns selbst und auch dem Partner zutrauen, dass er die entsprechende Sache das nächste Mal besser machen wird. Unsere Haltung und unsere geheime Erwartung haben eine starke Wirkung. Wir können uns und auch unseren Partner auf diese Weise beflügeln oder auch behindern.

Viele Menschen haben eine große Schwierigkeit damit, sich selbst oder ihrem Partner einen Fehler einzugestehen. Sie denken dann gleich, dass sie nicht gut genug sind, und schämen sich über die Maßen.

Hier hilft der Blick auf die wörtliche Bedeutung des Wortes »Fehler«. Es leitet sich von dem Verb »fehlen« ab. Es besagt nur, dass etwas fehlt. Und wenn etwas fehlt, dann lässt sich das Fehlende im Allgemeinen leicht ergänzen oder nachliefern.

Wir lernen alle am meisten aus unseren Fehlern. Entweder hat uns die entsprechende Erfahrung oder das entsprechende Wissen gefehlt. Oder es fehlte die erforderliche Aufmerksamkeit. Und da uns etwas gefehlt hat, kam es in der Folge zu einem »Fehler«: Etwas hat gefehlt.

Der größte Fehler, den wir machen können, ist, keine Fehler zu machen. Denn dann bleiben wir in unserer Entwicklung stehen. So wünsche ich Ihnen Mut zum Fehler und das Vertrauen, dass beide Partner aus ihren Fehlern lernen. Am schönsten ist es, wenn wir auch aus den Fehlern des Partners lernen dürfen. Dann brauchen wir nicht alle Fehler selbst zu machen.

Warum es manchmal schwer ist, etwas zu sagen

Manch ein Partner und manch eine Partnerin tragen schwer an etwas herum. Es ist etwas, was sie gern sagen oder gern ansprechen würden. Doch wissen sie nicht, wie sie es machen können.

Manchmal sind es auch beide Partner, die etwas nicht über die Lippen bekommen. Es ist nicht nur wichtig, wovon Partner miteinander sprechen. Es ist ebenso wichtig, wovon sie nicht sprechen.

Wenn ein Partner oder auch beide ein Thema beharrlich ausklammern, dann verschweigen sie etwas. Und oftmals liegt dieses Etwas schwer in der Luft. Sie verschweigen dieses Thema nicht nur. Sie be-schweigen es. Dadurch bekommt das ausgeklammerte Thema eine geheimnisvolle, unheimliche Kraft.

Für viele Menschen ist es eine Erleichterung, wenn sie das auf einmal sagen können, was sie schon lange mit sich herumtragen. Das kann ein geheimer Wunsch sein, das kann ein Kummer sein oder eine Sorge, und es kann auch ein Geheimnis oder ein Traum sein, den sie insgeheim hegen und den sie noch nie zu äußern wagten.

Es ist allemal besser, Unausgesprochenes offen anzusprechen. Dann können sich beide darauf einigen, dass sie das Thema ruhen lassen und es hinter sich lassen. So ist dann der Druck des Schweigens heraus.

Ich gebe Ihnen eine Anregung, wie Sie den Anfang machen können:

Erinnern Sie sich bitte an die drei A mit der wertschätzenden Kontaktaufnahme und an die kurzen, klaren Sätze. Sagen Sie Ihrem Partner, um was es Ihnen gerade geht. Dann kann er sich darauf einstellen. Danach sagen Sie ihm in kurzen, vollständigen Sätzen, was Sie ihm sagen wollen.

Das kann beispielsweise so klingen: »Peter, ich will dir heute etwas sagen. Es fällt mir etwas schwer, damit anzufangen. Darf ich dir etwas erzählen?« Damit haben Sie mit Sicherheit seine Aufmerksamkeit gewonnen, und er wird vermutlich auch achtsam hinhören.

Dann geht es weiter. Das kann je nach Ihrem Anliegen so klingen: »Peter, mir geht noch immer eine Situation nach. Sie liegt schon drei Monate zurück. Da war ich gemein zu dir. Ich habe dir nie gesagt, dass mir das leidtut. Das will ich dir heute sagen.«

Oder Sie sprechen dann von Ihren geheimen Träumen. Der Vorspann ist wieder der Gleiche. Danach folgt eine Variante: »Peter, ich habe einen großen Traum. Er betrifft uns beide. Ich träume davon, dass wir beide irgendwann mit einem Wohnmobil für ein Vierteljahr durch Australien reisen, du und ich! Das ist ein wundervoller Traum. Ich wünsche mir, dass wir beide diesen Traum träumen und dann irgendwann wahr werden lassen.«

Gedanken, die wir aussprechen, haben die Tendenz, Wirklichkeit zu werden. Träumen Sie Ihr Leben, und leben Sie Ihren Traum!

Eine Partnerschaft bietet die wundervolle Möglichkeit, Schönes und auch Schweres zu teilen. Wenn Sie mit Ihrem Partner eine geheime Freude oder Vorfreude teilen, dann verdoppelt sich die Freude. Wenn Sie etwas teilen, was Sie belastet, dann wird die Last leichter.

Sprechen Sie miteinander. Vielleicht wissen Sie danach beide um etwas, was vorher nur einen von Ihnen bewegt hat. Und schon wieder teilen Sie etwas Wichtiges miteinander. So wachsen Nähe und Vertrauen.

Altlasten hinter sich lassen

Aktuelle Konflikte und Streitigkeiten sind in Wahrheit oftmals uralte Geschichten aus früheren Zeiten. Sie haben mit dem Paar in seiner aktuellen Situation nur insofern zu tun, als es auf der Basis dieser Geschichten steht.

Diese Geschichten können herrühren aus unaufgeräumten Elterngeschichten oder aus anderen früheren Erlebnissen mit anderen Menschen. Es können auch Erinnerungen an belastende Situationen sein, die das Paar Monate oder Jahre vorher miteinander erlebt hat und die unterschwellig noch gären.

Solche Altlasten wirken auf unheilvolle Weise nach und in die Partnerschaft hinein. Solange ein Mensch jemandem etwas nachträgt oder vorwirft, ist er innerlich nicht wirklich frei. Er ist nicht frei für die Partnerschaft, so gern er dies auch wäre. So läuft er beständig Gefahr, seine unbewussten Geschichten auf den Partner zu projizieren.

Darum ist es wichtig, sich diesen Altlasten zu stellen und sie bewusst hinter sich zu lassen. Es ist nicht erforderlich, sie alle noch einmal konkret in Erinnerung zu rufen. Es genügt, sich bewusst dafür zu entscheiden, die Altlasten hinter sich zu lassen. Diese Entscheidung ist ein wichtiger Schritt. Von da an können Sie aufhören, Altlasten aus der Partnerschaft und aus noch früheren Zeiten mit sich herumzutragen. Von da an kann das Leben leicht werden.

Es ist ein großes Vorhaben, Altlasten hinter sich zu lassen. Der bewusste Umgang mit der Sprache hilft Ihnen dabei.

Seien Sie achtsam und widerstehen Sie jeglicher Versuchung, neue Altlasten zu sammeln. Erhalten Sie sich lieber die neu gewonnene Leichtigkeit und genießen Sie das damit einhergehende neue Lebensgefühl!

Das Nachtragen beenden

Es gibt viele Menschen, die einem anderen oder auch sich selbst etwas nachtragen. Dabei handelt es sich um Handlungen, die jemand gemacht oder eben auch nicht gemacht hat, oder um Äußerungen, mit denen jemand einen anderen gekränkt oder anderweitig getroffen hat. Es sind meistens Situationen, die schon lange zurückliegen.

Die wörtliche Bedeutung von »nachtragen« zeigt ein klares Bild: Jemand trägt einem anderen etwas nach. Das kann eine große oder auch eine kleine Last sein. Er hat diese Last in der Hand und läuft immerfort einer anderen Person nach in der irrigen Vorstellung, ihn damit irgendwann zu erreichen. Doch wird dies auf diese Weise niemals geschehen. Damit kommt er mehr und mehr von seinem eigenen Weg ab und schadet sich nur selbst.

Die einzige Möglichkeit, diesen mühsamen und aussichtslosen Weg zu beenden, ist die eigene Entscheidung, das Nachtragen zu beenden und die Last in Gedanken abzustellen und sie loszulassen.

Nun hat er auf einmal die Hände wieder frei. Jetzt kann er seinen eigenen Weg gehen. Nur er selbst kann sich dies ermöglichen.

Sibylle stellt den symbolischen Koffer ab

Sibylle fühlte sich im Seminar angesprochen. Auf meine Frage an die Gruppe »Trägt jemand von euch einem anderen etwas nach?« antwortete sie spontan: »Ja, ich trage meinem Mann etwas nach. Er hat meinen 40. Geburtstag vergessen. Ich hatte mir wochenlang überlegt, was er sich wohl für eine Überraschung ausdenkt. Da kam dann einfach nichts. Nichts! Ich habe ihm dann ein paar Tage später gesagt, dass er meinen 40. Geburtstag vergessen hat. Er hat dann gesagt, dass ich ja etwas hätte sagen können. Das hat mich dann noch einmal geärgert!« Ihre Stimme klang immer noch ärgerlich. Es war noch nicht vorbei.

Ich bot ihr eine Übung an: »Willst du erleben, wie sich das Nachtragen auswirkt?« Sibylle willigte ein. »Dann stehe bitte auf und nimm diesen kleinen Koffer in die Hand. Er steht sinnbildlich für das, was du deinem Mann nachträgst. Ich werde vor dir hergehen, stellvertretend für deinen Mann. Geh dann hinter mir und trage mir den Koffer nach.« Ich lief einige Zeit quer durch den Raum, und sie lief mir immerfort nach.

Nach einer Weile sagte ich ihr: »Ich werde noch so lange durch den Raum gehen, wie du hinter mir herläufst. Es liegt einzig an dir, wie lang du mir den Koffer nachtragen willst. Du darfst ihn jederzeit abstellen und wieder an deinen Platz gehen. Wenn du den Koffer abstellst, dann stell ihn bitte achtsam ab!«

Sibylle lief noch ein, zwei Runden hinter mir her. Dann sagte sie: »Mir ist klar geworden, was ich mir mit dem Nachtragen antue. Ich komme dabei völlig von meinem eigenen Weg ab und ärgere mich obendrein die ganze Zeit. Ich höre damit jetzt auf! Ich stelle den Koffer einfach ab.«

Dann setzten wir uns wieder. Sibylle war ganz bewegt: »Das war auf einmal ganz einfach! Ich fühle mich so befreit!« Sie atmete tief durch und begann dann zu lächeln.

Dann hielt sie inne und sagte: »Jetzt habe ich gerade etwas Grundsätzliches begriffen. Ich habe erkannt, wie sehr ich mir mit dem Nachtragen selbst im Wege stehe. Das Beispiel mit meinem Mann war eines von zahlreichen anderen, die ich genauso gut hätte nennen können. Ich trage auch meinem Vater etwas nach und auch noch anderen. Damit will ich jetzt ein für alle Mal aufhören. Ich weiß jetzt, wie ich es machen kann!«

Ich antwortete ihr: »Das ist eine wichtige Erkenntnis. Wenn jemand einem Menschen etwas nachträgt, dann hat diese Geschichte meistens bereits einen Vorläufer. Solange wir jemandem etwas nachtragen, sind wir gebunden. Dadurch sind wir nicht wirklich frei für die Gegenwart und damit auch nicht für den Partner. Solange Menschen einem oder gar mehreren anderen etwas nachtragen, machen sie sich das Leben schwer. Sie machen es sich selbst beschwerlich: Sie tragen eine Last, die nicht ihnen gehört.«

Sibylle begann daheim, all diese alten Geschichten aufzuräumen. Eine um die andere beendete sie, indem sie nur in der Vorstellung bei den einzelnen Personen die Last abstellte, die sie so lange getragen hatte. Dann hörte sie auf, von diesen alten Dingen zu sprechen. Sie durften von da an der Vergangenheit angehören.

Ich gab ihr noch eine Empfehlung mit auf den Weg: »Sibylle, eine klare, wertschätzende Sprache hat eine heilsame, ordnende Wirkung. Ich empfehle dir, jeden Tag zwei Mal für zwanzig Minuten kurze, klare Sätze zu bilden. Bilde in dieser Zeit nur Hauptsätze. Mach dir pro Satz ein klares Bild! Du wirst merken, dass diese Sätze dich wunderbar entschleunigen und ordnen. Ich wünsche dir dabei viele schöne Erfahrungen!«

Nach drei Monate sah ich Sibylle wieder. Sie war körperlich aufgerichtet. Sie stand und saß deutlich gerader als noch ein Vierteljahr vorher. In ihrem Leben hatte sich ganz offensichtlich viel bewegt. Sie erzählte davon: Vieles hatte sich in der Zwischenzeit zum Guten entwickelt. Dies hatte sich auch auf ihre Ehe ausgewirkt. Es ging ihr mit ihrem Mann viel besser und auch mit ihren Eltern. Die Stimmung war gelöst und heiter. Alter, unterschwelliger Groll hatte sich in Luft aufgelöst.

Sibylle braucht in Zukunft niemandem mehr etwas nachzutragen. Inzwischen weiß sie, wie sie eine Irritation frühzeitig ansprechen kann. So staut sich nichts mehr auf. Im Übrigen gelingt es ihr immer besser, Dinge und Menschen so anzunehmen, wie sie sind. Von dieser Basis aus prüft sie gleich, ob sie an einer Situation etwas ändern kann. Wenn dies möglich ist, dann handelt sie und wirkt auf die Situation ein. Und wenn sie eine Situation nicht ändern kann, dann ändert sie ihre Einstellung.

Den Vorwurf beenden

So, wie die Sprache beim Nach-Tragen deutlich zeigt, um was es dabei geht, so ist es auch beim Vor-Werfen. Wenn Menschen Vorwürfe machen, dann werfen sie etwas nach vorne. Alles, was ein Mensch vor sich wirft, liegt danach vor ihm. Es bleibt damit auf seinem Lebensweg als Hindernis liegen.

Je mehr Vorwürfe ein Mensch macht und je größer die Vorwürfe sind, desto beschwerlicher wird damit seine Zukunft. Außerdem wendet er viel Energie auf, um möglichst weit zu werfen. Damit vergeudet er seine Energie, die er für etwas anderes viel sinnvoller einsetzen könnte.

Menschen schaden mit Vorwürfen immer nur sich selbst. So ist es eine Frage der Klugheit, dieses Verhalten zu beenden. Wie beim Nachtragen bedarf es auch beim Vorwerfen einer bewussten Entscheidung, diese Verhaltensweise zu beenden. Das betrifft die Vorwürfe gegen den eigenen Partner ebenso wie Vorwürfe gegen die Verwandtschaft, gegen den Arbeitgeber, gegen Kollegen und auch gegen sich selbst. Der Vorwurf ist Ausdruck einer Grundhaltung.

Wer sich daran gewöhnt hat, Vorwürfe zu machen, und diese entschlossen beenden will, der macht mit diesem bewussten Entschluss den ersten Schritt. Er wird am Anfang eine interessante Beobachtung machen: Er wird erschrocken merken, wie viele Vorwürfe er bislang gemacht hat, ohne dass sie ihm als solche bewusst geworden sind. Das können Vorwürfe sein, die er jemandem direkt sagt. Es können auch all die anklagenden Bemerkungen sein, mit denen er sich bei einem anderen über jemanden beschwert und dem er damit von der Seite her hinterrücks und heimlich Vorwürfe macht.

Der nächste Schritt ist, die Vorwürfe nicht mehr auszusprechen. Bei jedem Vorwurf, den er für sich behalten kann, darf er innerlich jubeln und sich auf die eigene Schulter klopfen. Er macht gerade in seiner Persönlichkeitsentwicklung einen großen Schritt nach vorne. Im Inneren wird er die alten Vorwürfe von ehedem noch einige, wenige Wochen lang denken und fühlen.

Der dritte Schritt geht von allein: Auch die gedachten Vorwürfe kommen schließlich zur Ruhe. Jetzt gibt es nur noch Geschenke: Er wird bei jedem unterlassenen Vorwurf merken, wie seine Leistungskraft und seine Lebensfreude zurückkommen und steigen. Obendrein schwindet mit dem Vorwurf jeglicher Groll. Das stärkt sowohl die Partnerschaft als auch die Gesundheit.

Dafür ist Katrin ein gutes Beispiel.

Katrin und Florian

Katrin ist Mitte dreißig und lebt mit ihrem Mann Florian und ihren beiden Kindern in einem schönen Haus in einer prachtvollen Landschaft. Nach außen hin sehen sie nach einer glücklichen Familie aus. Es schien alles in bester Ordnung zu sein.

Katrin und Florian hatten es sich über die Jahre angewöhnt, sich Vorwürfe zu machen. Das trübte ihr Glück und ihre Zufriedenheit. Immer wieder kam es vor, dass der eine dem anderen etwas vorgeworfen hat. Der andere hat den Vorwurf dann scheinbar geschluckt und auf eine passende Gelegenheit gewartet, dem anderen etwas hinzureiben. So ging das hin und her. Es handelte sich dabei für einen Außenstehenden immer um Lappalien.

Die Vorwürfe klangen meistens in etwa so: »Warum hast du schon wieder das schmutzige Geschirr einfach auf der Ablage stehen lassen?« Oder so: »Du hast schon wieder das schmutzige Geschirr auf der Ablage stehen lassen!« Katrins Stimme klang dabei gereizt und anklagend.

Mit dem Blick auf den Satzbau ist das Erste eine Frage, »Warum hast du …?«, und das Zweite ein Ausruf: »Du hast schon wieder …!« Dabei stellte Katrin ihrem Mann weder eine ehrliche Frage, noch wollte sie nur laut sagen, dass ihr Mann das Geschirr auf der Ablage hat stehen lassen.

Die gewollte Botschaft »Florian, bitte räum das schmutzige Geschirr in die Spülmaschine!« blieb auf der Strecke. Bei ihm kam nur diese Botschaft an: »Du bist ein Depp!« Es fehlten dabei die Achtung und die Wertschätzung. Das ließ er nicht auf Dauer auf sich sitzen. Und so nahm der Streit seinen Lauf.

Zum Glück bietet der bewusste Umgang mit der Sprache einen Ausweg aus solchen misslichen Situationen.

Die Geschichte mit dem schmutzigen Geschirr ist nur eine von vielen aus Katrins Leben. Beide Partner machen sich wechselseitig Vorwürfe. Traurigerweise fangen auch die Kinder schon mit den Vorwürfen an. Sie lernen am Vorbild der Eltern. Sie machen den Eltern Vorwürfe und auch einander.

Es klingt genau wie bei den Eltern: »Warum hast du mein Fahrrad umgeworfen?« Und dieses »Warum« klingt – wie auch bei den Eltern – nicht nach einer ehrlichen Frage, sondern nach einem Vorwurf.

Katrin war entschlossen, ihrerseits den Vorwurf zu beenden. Sie hoffte, damit einen guten Anfang zu machen und in ihrer Familie ein Signal zu setzen. Ich zeigte Katrin anhand des Beispiels mit dem schmutzigen Geschirr, wie sie in Zukunft in solchen Situationen wertschätzend und klar vorgehen konnte.

Ich erinnerte sie an die drei Schritte für einen gelungenen Gesprächsbeginn: Das ist zum Ersten die wertschätzende Kontaktaufnahme mit den drei A, dem folgt als Zweites der Rahmen und als Drittes die klare Ansage. Dabei sollte sie kurze, klare Sätze bilden. Als größte Übung gab ich ihr mit, auch in solchen Situationen wohlwollend zu bleiben.

Aus diesen Bestandteilen bildeten wir dann die Sätze, mit denen sie in Zukunft ihren Mann oder auch die Kinder ansprechen kann. Das Beispiel mit dem Geschirr klang dann so: »Florian – ich hab gern Ordnung in der Küche. Es stört mich, wenn schmutziges Geschirr herumsteht. Bitte stell deinen Teller in die Spülmaschine!«

Katrin griff die Anregung auf und setzte sie daheim mit großem Erfolg um. Sie war begeistert und spürte, dass sie damit gleichsam einen Schalter zum Guten umgelegt hat. Sie fühlte sich von nun an schwierigen Gesprächssituationen nicht mehr ausgeliefert. Sie wusste jetzt, was sie zu beachten hatte.

Die nächste Gelegenheit zum Üben kam bald. Florian hatte auf Katrins Wunsch hin Karten fürs Theater gekauft. Sie fuhren frühzeitig los, damit sie rechtzeitig zum Vorstellungsbeginn da waren. Sie freuten sich beide auf den gemeinsamen Abend. Dann kamen sie am Theater an – und die Vorstellung hatte bereits begonnen. Florian hatte nicht mehr auf die Karten geschaut und den Vorstellungsbeginn geprüft. So waren sie beide irrtümlicherweise davon ausgegangen, dass das Theater wie bei der letzten Veranstaltung um 19.30 Uhr beginnt.

Bis vor Kurzem hätte Katrin noch getobt und Florian bittere Vorwürfe gemacht. Jetzt schluckte sie kurz und schaute dann ihren Mann ganz freundlich an. Darauf sagte sie: »Florian, das ist Pech. Da haben wir beide nicht geschaut. Lass uns sehen, wann es das Stück noch einmal gibt! Und dann lass uns schauen, was wir mit unserem freien Abend heute sonst noch Schönes machen können! Was meinst du?«

Sie war stolz auf sich, und Florian war ihr dankbar. Das war für beide wahrhaft ein neues Lebensgefühl. Katrin gelang es auch in den Tagen und Wochen danach, das Missgeschick auf sich beruhen zu lassen und nicht noch einmal aufzuwärmen. Sie hat es nicht einmal ihren Freundinnen weitererzählt. Auch das war neu für sie.

Sie konnte die Sache einfach gut sein lassen. Mehr und mehr konnte sie auch ihren Mann so nehmen, wie er ist. Er war und ist einfach anders als sie. Sie spürte, dass sich etwas an ihrer Grundeinstellung gewandelt hatte.

Bloß keinen neuen Ärger sammeln

Wer bewusst das Nachtragen und Vorwerfen beendet hat, der hat damit einen großen Schritt gemacht in Richtung Glück und Erfüllung. Natürlich kann es beim täglichen Zusammenleben dennoch immer wieder einmal vorkommen, dass der eine den anderen mit etwas ärgert. Doch ist der daraus resultierende Ärger nun viel leichter auszuräumen als früher.

Wie gesagt kommt es immer wieder einmal vor, dass der eine den anderen mit einer Handlungsweise oder Bemerkung ärgert oder zumindest reizt. Das ist demjenigen meist gar nicht bewusst. Er bekommt es häufig nicht mit, dass und vor allem womit er seinen Partner geärgert hat. Er spürt nur die Folgen.

Diese zeigen sich dann in Form von schlechter Laune oder scheinbar unbegründeten spitzen Bemerkungen. Doch weiß der so angesprochene Partner deswegen noch lange nicht, was den anderen geärgert hat. Er wird die Verhaltensweise seines Partners ohne dessen Hilfe kaum richtig einordnen können.

Es ist ein wesentlicher Teil der Psychohygiene eines Paares, Ärgernisse und Verletzungen ehrlich und zeitnah anzusprechen und auszuräumen. Eine klare, wertschätzende Sprache hilft ihnen dabei, die Irritation zu klären. Dann können sie sich je nach Situation direkt im Augenblick äußern oder auch im Nachgang, wenn sie zu zweit sind und kein anderer mehr mithört. Dabei ist es immer wichtig, dass beide Seiten das Gesicht wahren können.

Es ist hilfreich, sich immer wieder bewusst zu machen, dass die meisten Ärgernisse aus Unachtsamkeit entstehen oder aus einem Mangel an Einfühlungsvermögen. Niemand ärgert einen anderen absichtlich – es sei denn, er hat sich vorher nicht geachtet gefühlt.

Wenn dem so ist, dann gilt es, diesen Mangel an Achtung zu klären und dem Partner die Achtung und Wertschätzung zu geben, die er braucht und die er auch verdient – einfach als Mensch, ohne dafür irgendeine Leistung erbringen zu müssen.

Es gibt noch einen wichtigen Hintergrund zu stetig wiederkehrenden Reizthemen. Dies sind Themen und Situationen, die einen Partner oder auch beide Partner besonders aufregen. Wir wachsen alle an unseren Aufgaben. Das gilt auch für die Reizthemen: Solange Menschen ein Thema in ihrem Leben noch nicht bereinigt haben, ziehen sie gehäuft Situationen an, in denen sie dasselbe Thema immer wieder und wieder erleben. Das geht so lange, bis sie mit diesem Thema ihren Frieden haben.

Je mehr ein Mensch von diesen Zusammenhängen weiß, desto bereitwilliger lässt er sich auf solche Reizthemen ein und ärgert sich folglich auch nicht mehr. Stattdessen ist er bestrebt, die Situation zunehmend souverän zu meistern und an ihr und in ihr zu wachsen. Mit dieser geänderten inneren Haltung hat er schon halb gewonnen.

Wie immer hilft ihm dabei eine klare, wertschätzende Sprache: Sie hilft ihm bei der Kommunikation, und sie stärkt seine Persönlichkeit.

Der Daumen-Ringfinger-Griff wirkt wahre Wunder

Der Daumen-Ringfinger-Griff ist eine wunderbare Hilfe in allen emotional schwierigen Situationen. Er hilft Ihnen immer dann, wenn Sie merken, dass Ihr Adrenalinspiegel in einer Situation oder auch nur beim Anblick einer bestimmten Person steigt.

Dann laufen Menschen immer Gefahr, dass die Emotionen sie davontragen und sie etwas sagen oder tun, was sie im Nachhinein vielleicht bereuen.

Diesen Griff können Sie mit einer Hand machen oder auch mit beiden Händen. Das kommt auf die Situation an. Wenn Sie beide Hände frei haben, nehmen Sie beide Hände. Ansonsten genügt auch eine Hand. Der Griff ist ganz einfach auszuführen: Drücken Sie die Fingerkuppen von Daumen und Ringfinger zusammen. Es genügt ein leichter Druck.

Dieser Griff ist ein altes Mudra. Er bewirkt, dass Sie Ihre Emotionen im Griff haben. Sie werden dabei mit Ihren Emotionen in Kontakt sein und sie wirksam beherrschen. Das ist ein wundervoller Kunstgriff. Ich habe ihn vor Jahren im Rahmen meiner kinesiologischen Ausbildung kennen und schätzen gelernt.

In vielen Situationen hören Menschen den Satz: »Ärgere dich nicht!« Doch wie soll das gehen? Erstens ist es eine Frage der Einstellung. Wie wir gesehen haben, ist »sich ärgern« ein reflexives Verb: Ein Mensch ärgert sich selbst! Das will niemand wirklich. Der Daumen-Ringfinger-Griff ist eine wirksame Hilfe, in einer kritischen Situation tatsächlich die innere Ruhe zu wahren.

Andrea und ihre beiden kleinen Söhne
Ich erzähle gern die Geschichte einer Familie. Andrea, eine junge Mutter, hatte Schwierigkeiten mit ihren beiden kleinen Söhnen. Obwohl sie es nicht wollte, schrie sie die beiden oft an. Abends erzählte sie dann ihrem Mann, was der Fünfjährige sich schon wieder erlaubt hatte. Davon sprachen sie dann eine ganze Weile, das belastete Bernd zunehmend, denn er sah keinen Ausweg und auch keine Besserung. Er hätte seiner Frau gern geholfen, sich weniger über die Kinder aufzuregen und stattdessen mehr Freude an und mit ihnen zu haben.

Der Daumen-Ringfinger-Griff half Andrea. Wenn die Söhne oder vor allem der größere wieder irgendetwas angestellt hatte und sie durch sein Verhalten aufregte, drückte sie schnell die Fingerkuppen von Daumen und Ringfinger zusammen. Das hemmte sie in ihrem Lauf und brachte sie zur Ruhe. Es gelang ihr damit immer besser, ruhig zu bleiben. Sie schrie die Kinder kaum noch an.

Sie war ganz erleichtert und auch etwas stolz auf sich – mit gutem Grund. Schließlich hat sie damit ein belastendes Verhaltensmuster weitgehend hinter sich gelassen.

Eines Tages war sie wieder nahe dran, ihre Fassung zu verlieren. Das bemerkte Frederick, ihr knapp dreijähriger Sohn. Er rief eilig: »Mama, snell!«, und hielt ihr seine kleinen Händchen mit dem Daumen-Ringfinger-Griff entgegen. Sie stutzte, dann lachten sie alle miteinander. Der Ärger war wie verflogen.

Das erzählte sie am Abend ihrem Mann Bernd. Auch er lachte herzlich. Er nahm diese Anregung mit ins Büro. Sie half ihm von da zuverlässig bei zahlreichen heiklen beruflichen Situationen. Damit gelang es ihm im Allgemeinen gut, die Ruhe zu wahren.

Dieser Griff ist wirklich wunderbar. Er hilft in vielen privaten und beruflichen Situationen. Und er ist wundervoll diskret. Niemand merkt es, wenn Sie ihn anwenden.

Übung
Daumen-Ringfinger-Griff

Kennen Sie jemanden, bei dem Sie den Daumen-Ringfinger-Griff in der nächsten Zeit gleich ausprobieren können?

Entdecken Sie seine faszinierend beruhigende Wirkung.

Machen Sie es mit Herz

Es gibt noch einen weiteren wundervollen Tipp, um auch in herausfordernden Situationen innerlich gelassen zu bleiben. Mit wachsender Übung gelingt dies immer leichter.

Was immer Sie mit jemandem machen und jemandem sagen, machen Sie es mit Herz. Auf diesem Weg werden Sie auf die Dauer immer weit mehr erreichen als mit Groll, Ärger und Wut. Außerdem hilft Ihnen die dabei gewonnene innere Haltung, körperlich und seelisch gesund zu bleiben.

Probieren Sie immer, den Menschen, mit dem Sie gerade sprechen oder an den Sie so oft denken, ehrlich zu mögen. Manchmal hilft – zumindest am Anfang – nur ein kleiner Trick: Stellen Sie sich ein großes Herz aus weicher Wolle vor. Machen Sie es in Gedanken so groß, dass Sie den Menschen, mit dem Sie gerade sprechen oder an den Sie gerade denken, kaum noch sehen können.

Konzentrieren Sie sich darauf, dass das Herz wirklich schön wird. Achten Sie darauf, dass Sie von dem Menschen, vor den Sie in Gedanken dieses Herz stellen, gerade noch ein paar Haare und die Fußspitzen sehen können. Freuen Sie sich an dem schönen Ergebnis.

Auf diese Weise lenken Sie Ihre Empfindungen und Gedanken und hindern sich daran, emotional abzurutschen und Dinge zu denken, die Sie nicht denken wollen. So bleiben Sie Meister oder Meisterin Ihrer Gefühle und Gedanken. Das ist Selbst-Beherrschung im besten Sinn.

Sie werden merken, dass Sie mit der Zeit dieses mentale Herz gar nicht mehr brauchen. Bis dahin wird sich Ihre innere Haltung von allein geändert haben. Sie werden immer leichter Menschen so nehmen können, wie sie sind – andere Menschen als die, die wir um uns haben, haben wir alle nicht. So gilt es, mit ihnen klarkommen zu lernen. Aus dieser inneren Ruhe und dem ehrlichen Wohlwollen heraus wird es einfach, gute Lösungen zu finden und bei Bedarf klare Grenzen zu setzen.

Die Empfehlung mit dem visualisierten Herz eignet sich auch in Kombination mit dem Daumen-Ringfinger-Griff.

9. Aus Meinungsverschiedenheiten lernen

Unterschiedliche Meinungen sind ein Ausdruck von Vielfalt. Jeder Mensch darf eine eigene Meinung haben. Er bildet sie sich aufgrund der bereits gemachten Erfahrungen und seiner persönlichen Sichtweise. Unterschiedliche Menschen dürfen unterschiedliche Meinungen haben. Das ist völlig normal.

Es ist fruchtbar, unterschiedliche Meinungen kennenzulernen. Damit erweitert sich das eigene Bild. So gesehen sind verschiedene Meinungen ein Ausdruck von Vielfalt. Das Wort »Meinungsverschiedenheit« bedeutet wörtlich genommen die Verschiedenheit von Meinungen. Es ist an sich neutral und birgt die Möglichkeit des Reichtums unterschiedlicher Meinungen in sich.

Dennoch haftet ihm im alltäglichen Gebrauch eine Komponente von Streit an. Es klingt nach Zwist, wenn jemand sagt: »Wir hatten am Wochenende eine Meinungsverschiedenheit.« Es ist entlastend, eine »Meinungsverschiedenheit« wörtlich zu nehmen und einfach anzuerkennen, dass jeder der beiden Partner eine eigene Meinung haben und auch behalten darf. Nicht immer ist es möglich, sich auf eine gemeinsame Meinung zu einigen. Das ist in Ordnung.

Meinung und Deinung

Das Wort »Meinung« leitet sich von dem Verb »meinen« ab. Dieses Wort hat etymologisch nichts zu tun mit dem Possessivpronomen »mein«. Dennoch freut mich der Gedanke, dass eine Meinung eine Mein-ung ist. Der andere darf auch eine Mein-ung haben. Wir bezeichnen sie gern humorvoll als seine Dein-ung.

Der Blick auf die tatsächliche ursprüngliche Bedeutung von »meinen« eröffnet einen weiteren Blickwinkel. Es bedeutete ursprünglich »seine Gedanken auf etwas richten, etwas im Sinn haben«. Daraus entwickelte sich in mittelhochdeutscher Zeit die Bedeutung »zugeneigt sein, lieben«. Diese Bedeutung ist in dichterischer Sprache bewahrt, zum Beispiel »Freiheit, die ich meine«.

Vielleicht hilft Ihnen dieser Blick auf die ursprüngliche Bedeutung der Meinungsverschiedenheit, in ihr einen Ausdruck von Vielfalt zu sehen. Jeder hat seinen Blickwinkel, und jeder ist seiner Sichtweise zugeneigt und hat sie liebgewonnen. Mit Wohlwollen und ehrlichem Interesse ist es möglich, die unterschiedlichen Meinungen zu betrachten. Mit dieser Einstellung können sich leicht gewinnbringende Gespräche entwickeln.

Wir können nun den Satz »Wir hatten am Wochenende eine Meinungsverschiedenheit« neu formulieren: »Wir haben am Wochenende von unserer weiteren Planung beim Hausbau gesprochen. Dabei haben wir gemerkt, dass wir in manchen Punkten ganz unterschiedliche Meinungen haben.«

Bei diesem Umformulieren hat sich der streitbare Unterton in Luft aufgelöst. An diesem Beispiel wird auch klar, dass es wichtig ist, das Thema zu benennen, bei dem die beiden Partner unterschiedliche Meinungen haben.

Friedvolle Auseinandersetzungen bringen
wertvolle Erkenntnisse

Eine Auseinandersetzung klingt schärfer als eine Meinungsverschiedenheit. Ein Paar, das eine Auseinandersetzung hat, hat nach allgemeinem Verständnis Streit. Ich betrachte auch dieses Wort mit dem Blick auf seine wörtliche Bedeutung: Bei einer Auseinander-Setzung setzen sich Menschen auseinander, die vorher näher beieinandergesessen haben.

In dieser neuen Sitzposition haben sie Abstand voneinander und können einander und auch ein Thema mit dem so gewonnenen Abstand neu betrachten. Der neue, umfassendere Blickwinkel ermöglicht den beiden Partnern neue Lösungsansätze. Das ist überaus konstruktiv und nützlich. Danach können sie wieder zusammenrutschen und gemeinsame Sache machen.

Es gehört zur Psychohygiene eines Paares, sich selbst und einander Freiräume zu gewähren. Auf diese Weise nehmen die beiden Partner immer wieder einmal vorübergehend etwas Abstand voneinander und machen eigene Erfahrungen. Danach kommen sie wieder zusammen.

Partner, die zu wenig von diesen freiwilligen, nährenden Abständen haben, stellen den zeitweilig erforderlichen Abstand unbewusst durch freilich belastende Auseinandersetzungen her. So gesehen haben Auseinandersetzungen die unbewusste Funktion, den beiden Partnern etwas mehr Abstand und Eigenständigkeit zu ermöglichen.

Das Wort »Auseinandersetzung« birgt noch einen weiteren humorvollen Aspekt in sich. Es leitet sich ab von »auseinandersetzen«. Wir können Kinder in der Schule auseinandersetzen, wir können auch uns selbst auseinandersetzen. Dabei können wir uns auch mit einem Thema auseinandersetzen.

Ich wünsche Ihnen, dass Sie sich mit Ihrem Partner zusammensetzen und sich dann mit ihm und auch mit sich selbst auseinandersetzen.

Mit dieser Sichtweise ist es leicht, sich in wertschätzender und wohlwollender Weise auf eine Auseinandersetzung einzulassen.

Sich einigen

In einer Partnerschaft gibt es immer wieder neue Themen und Fragestellungen, die die beiden Partner erörtern. Das Leben hält eine reiche Auswahl an Möglichkeiten bereit.

Sie reichen allein schon im privaten Bereich von ganz pragmatischen Themen wie Aufräumen, Einkaufen und weiteren Aspekten der Haushaltsorganisation zu Themen der Kindererziehung und zur Pflege von familiären und freundschaftlichen Kontakten und vielem mehr. Weiteren reichen Stoff bieten der berufliche Bereich, der kulturelle Bereich und natürlich die Hobbys. Je nach persönlicher Ausrichtung der beiden Partner kommen noch weitere Themenbereiche dazu.

Eine solche Fülle an Themen bietet Stoff für viele fruchtbare Gespräche. Es ist für beide Partner anregend und wertvoll, ihre unterschiedlichen Sichtweisen und Meinungen kennenzulernen. Das erweitert ihren Horizont und ermöglicht ihnen gleichzeitig, sich selbst und auch den Partner noch besser kennenzulernen.

Dabei werden sie erkennen, dass sie bei vielen Themen von vornherein die gleiche Sichtweise haben. Da sind sie einer Meinung. Da brauchen sie sich nicht zu einigen: Sie sind sich schon einig.

Bei anderen Themen und Fragestellungen werden sie erkennen, dass sie unterschiedliche Sichtweisen haben. Dann sprechen sie miteinander und stellen dem anderen dar, wie sie eine Sache sehen und erleben. Damit machen sie es dem Partner möglich, das jeweilige Thema aus der Sicht des anderen zu betrachten. Oftmals erkennen sie dabei, dass beide Partner recht haben, jeder aus seinem Blickwinkel. Diese Erkenntnis ist für beide Seiten erhellend. Auf der Basis des umfassenderen Wissens können sie sich dann bei diesem Thema einander annähern oder sich sogar auf eine gemeinsame Sichtweise einigen.

Manche Menschen sind erstaunt, dass ihr Partner in einer Sache eine völlig andere Sichtweise hat als sie. Ihnen ist ihre Sichtweise von Kindesbeinen an so vertraut und selbstverständlich, dass sie gar nicht auf die Idee kamen, dass jemand dieses Thema anders sehen kann als sie. Vermutlich geht es dem Partner seinerseits bei anderen Themen genauso. Hier haben viele Paare großartige Aha-Erlebnisse und können dann oftmals herzlich miteinander lachen.

Wenn Denkstrukturen eine so alte Geschichte haben, dann ist es für manche Menschen schwer, sie selbst bei besserer Einsicht von jetzt auf gleich zu ändern. Hier dürfen beide Partner mit sich selbst und mit dem anderen geduldig sein und einfach miteinander im Gespräch bleiben. Wie so oft im Leben helfen auch hier letztlich Langmut und Humor.

Daneben gibt es Themen, bei denen sich die Partner nicht einigen können. Jeder der beiden bleibt auch nach langen Gesprächen bei seiner Meinung. Bei diesen Gesprächen stellt jeder der beiden dem anderen seine Gedanken und seine Sichtweise vor. Es ist wichtig, wirklich hinzuhören und nicht nur darauf zu lauern, dem anderen zu zeigen, wie die richtige Sichtweise ist. Vielleicht hat der andere ja doch recht, und Sie sind im Irrtum.

Ich wünsche Paaren, dass sie bei diesen Gesprächen und Auseinandersetzungen einander ihre Ohren und ihre Herzen öffnen. Nur dann können sie sich dem Schatz öffnen, den der andere ihnen in diesem Augenblick darlegt: Er öffnet sich selbst und zeigt dem anderen etwas von sich.

Das Ergebnis eines langen Gesprächs kann darin bestehen, dass die beiden Partner ihre unterschiedlichen Sichtweisen von verschiedenen Seiten betrachtet haben. So können sie einander immer umfassender verstehen. Es ist in Ordnung, wenn die beiden Partner auch nach einem solchen Gespräch bei ihrer ursprünglichen Sichtweise bleiben. Sie brauchen nicht krampfhaft in allem einer Meinung zu sein.

Manche Menschen machen es sich hier unnötig schwer. Sie haben die fälschliche Vorstellung, dass sie sich in allem einigen können müssen. Sie sind frustriert und traurig, wenn sie selbst nach vielen Diskussionen noch immer keinen Konsens gefunden haben.

Es geht viel leichter: Sie dürfen gemeinsam erkennen und anerkennen, dass sie hier und da unterschiedlicher Meinung sind. Dann sind sie sich schon wieder einig – einig darin, dass sie gerade einen Dissens, eine unterschiedliche Sichtweise, haben!

Das ist für viele Menschen eine außerordentlich befreiende Botschaft.

Carola und Philip

Carola ist Ende fünfzig und ihr Mann Philip ist Mitte sechzig. Carola ist in der Verwaltung tätig und arbeitet an vier Tagen der Woche. Ihr Mann Philip war Abteilungsleiter und ist seit Kurzem in Pension. In wesentlichen Dingen haben sie meistens ähnliche Sichtweisen. Doch gibt es immer wieder Themen und Situationen, bei denen sie grundlegend unterschiedlicher Ansicht sind.

Das führte oft zu erbitterten Diskussionen. Seit dem Ende von Philips Berufstätigkeit hatten sich solche Gespräche noch einmal zugespitzt. Sie fanden oft kein Ende und hinterließen eine missliche Stimmung. Carola und Philip konnten auf keinen gemeinsamen Nenner kommen. Das belastete sie zunehmend.

Dann entdeckten sie, dass sie sich auch in diesen Gesprächssituationen ganz leicht einigen können: Sie können sich darauf einigen, dass sie in diesem oder jenem Punkt unterschiedliche Ansichten und Meinungen haben. Dann können sie es auch dabei belassen.

Diese Erkenntnis war für die beiden ein Segen. Es war auf einmal so einfach! Jeglicher verzweifelte Versuch, eine gemeinsame Sichtweise herstellen zu müssen, hatte sich in Luft aufgelöst. Sie waren sich wieder einig.

Wenn wieder einmal die Gespräche hitzig wurden, dann sagte entweder Carola oder Philip: »Ich weiß jetzt, wie du diese Sache siehst. Du hast mir deine Sichtweise und deine Gründe gut erklärt. In manchen Punkten kann ich dir folgen. Bei anderen habe ich eine andere Sichtweise. So sind wir uns darin einig, dass wir bei diesem Thema unterschiedliche Ansichten haben. Das darf auch so sein.«

Danach können sich die beiden einem neuen Thema oder einer anderen Tätigkeit zuwenden, und es geht ihnen gut dabei. Sie sind sich einig.

10. Leben, lieben, lachen

Das Leben ist schön, und jeder Tag ist ein Geschenk. Es liegt an jedem selbst, was er aus einem Tag macht. Ich kann morgens vom Zwitschern und Singen der Vögel aufwachen und dies als Lärm und Ruhestörung empfinden und mich ärgern und vor lauter Ärger wach bleiben. Ich kann die gleichen Geräusche auch als morgendliches Konzert betrachten und mich an ihm erfreuen und darüber allmählich wieder einschlafen.

Es liegt an jedem selbst, wie er sich auf einen neuen Tag einstimmt. Entsprechend wird seine Stimmung sein und auch die Stimmung, die er in seinem Umfeld verbreitet. Dementsprechend wird sich sein ganzer Tag gestalten. Genau genommen gestaltet er ihn damit selbst.

Zum Leben gehört, dass jemand sein Leben wirklich aktiv lebt, dass er es bewusst gestaltet. Dann führt er im wahrsten Sinne des Wortes sein Leben: Er führt es. Das Wort »leben« beinhaltet eine ganz und gar aktive Handlungsweise mit klaren Zielen und mit einem klaren Auftrag.

Unsere Talente und auch unsere innersten Sehnsüchte weisen uns dabei den Weg. Es gehört zum Auftrag eines jeden Menschen, die Welt ein wenig schöner zu machen, als sie es bei seiner Geburt war. Und es gehört auch zu unserem Auftrag, unser Leben zu genießen und Freude daran zu haben.

Das Leben ist ein andauerndes Auf und Ab und wieder ein Auf. Je leichter und bereitwilliger wir uns auf dieses Schwingen einlassen, desto schöner und desto leichter wird das Leben, und desto lebendiger und vitaler werden die Menschen. Wer dagegen verkrampft die Gegenwart festzuhalten versucht, der vergeudet Energie und verpasst gleichzeitig die Chancen, die jeder Augenblick bietet.

Jedes Kind bringt diese Lebendigkeit und Leichtigkeit mit auf die Welt. Die meisten Menschen büßen diese wunderbaren Eigenschaften im Lauf der Jahre zumindest zu einem erheblichen Teil ein. Jeder Mann und jede Frau kann sie wieder beleben. Noch schöner ist es, wenn zwei Partner diese Möglichkeiten miteinander entdecken und in der Folge umsetzen. Der bewusste Umgang mit der Sprache hilft ihnen dabei. Sie eröffnet ihnen auf wunderbare Weise innere Freiheit und Lebensfreude, und damit auch die Fähigkeit, immer mehr und umfassender zu lieben.

Die Liebe ist die größte und edelste Kraft. Sie macht das Leben schön und erleichtert es einem jeden, ein friedvolles, erfülltes Leben zu führen. Wir Menschen ahnen sicher nur einen Zipfel von dem, was Liebe ist und wie wahres Lieben geht. Doch können wir jeden Tag immer mehr von dieser wunderbaren Kraft erleben und erfahren.

Wir können uns täglich in der Liebe üben und dabei innerlich wachsen. Mit diesem Blickwinkel wird das Leben mit all seinen alltäglichen Situationen eine andauernde Abfolge von immer wieder neuen Übungsmöglichkeiten. Manche dieser Situationen sind leicht, andere bringen uns deutlich an unsere Grenzen. An diesen Grenzen verlassen wir unsere individuellen Komfortzonen und wachsen.

Mit dieser Sichtweise können wir sie begrüßen und uns auf eine neue Übung zum Thema »lieben« einlassen. Und jedes Mal wächst unsere innere Freiheit und auch unsere Wirksamkeit in allem, was wir tun und anpacken.

Liebe ist mehr als ein spontanes Lieben. Sie ist die Kraft, die allem Leben zugrunde liegt. Sie ist es, die einen Menschen in seinem Innersten lebendig werden lässt und ihn zu schier unglaublichen Höhenflügen heranhebt. Diese Liebe zeigt sich auf vielfältige Weise.

Sie zeigt sich natürlich allem voran in der Liebe, die zwei Menschen füreinander empfinden. Je tiefer sie sich aufeinander einlassen und je länger sie zusammen sind, desto größer und gleichzeitig tiefer wird diese Liebe.

Die Liebe zeigt sich auch in anderen Bereichen, beispielsweise im Beruf. Dann ist ein Mensch beseelt von der Liebe zu seinem Beruf und seinen Aufgaben. Die Liebe zum Beruf kann ihn zu herausragenden Fähigkeiten und Spitzenleistungen tragen. Bei dieser inneren liebenden Grundhaltung wird es ihm auch wirtschaftlich gut gehen. Das lässt sich gar nicht verhindern. Der Erfolg ist die logische Folge seines Tuns und seiner Einstellung, doch niemals die berechnende, eigennützige Grundlage.

Die so verstandene Liebe macht nicht Halt bei der Liebe zur Tätigkeit. Sie wird auch mehr und mehr die Menschen umfassen, mit denen jemand privat und beruflich in Berührung kommt – auch diejenigen, die er bis dahin noch nicht mochte. Was wir dazu beitragen können, ist die ehrliche Bereitschaft, eine solche Einstellung zu entwickeln und sie auch schrittweise – oder Mensch für Mensch – in die Tat umzusetzen.

Menschen, die privat von der Liebe zu ihrem Partner oder ihrer Partnerin erfüllt sind und außerdem ihren Beruf mit Liebe ausführen, bewegen sich durch diese Liebe in einem besonderen Kraftfeld. Diese Kräfte potenzieren sich gegenseitig und ermöglichen großartige Dinge im Leben dieser Menschen und auch in ihrem Umfeld. Liebende Menschen sind ein Segen für alle, die mit ihnen zusammenkommen, allen voran für die eigene Familie.

Am leichtesten ist es, diejenigen Menschen zu lieben, die auch uns lieben und die uns so annehmen, wie wir sind.

Paare haben hier eine wunderbare Ausgangslage: Beide Partner haben immer jemanden, dem sie ihre Liebe schenken können. Sie haben auch immer jemanden, bei dem sie sich immer wieder neu darin üben können, ihn bedingungslos so zu lieben, wie er ist.

Das Geben kommt immer vor dem Nehmen. So können wir auch im Leben nur das ernten, was wir vorher gesät haben. Das Schöne und auch das Überraschende dabei ist, dass wir oft an ganz anderen Stellen ernten, als wir gesät haben. Wo auch immer Sie jemandem Liebe schenken können, tun Sie zwei Menschen etwas Gutes: dem anderen und sich selbst.

Darum ist es eine der größten und wichtigsten Aufgaben im Leben, immer mehr und umfassender zu lieben. Die Liebe ist das Grundprinzip unserer Schöpfung, und sie ist die Quelle für immerwährende Freude und Glück.

Je mehr ein Paar herausfindet, wie die Gesetzmäßigkeiten des Lebens sind und dass es im Grunde tatsächlich einfach um die Liebe geht – desto mehr Freude haben die beiden Partner aneinander und an ihrem Leben. Und desto mehr Grund haben sie, fröhlich zu lachen. Jeder Tag ist ein Geschenk.

Glücksgeschichten
Wir können schöne Erlebnisse bewusst sammeln und aufbewahren. Dann können wir uns auch später noch einmal daran erfreuen.

Ich lade Sie ein, beglückende Momente in Ihrem Leben wie Perlen in einem Schatzkästchen zu bewahren und bewusst zu erinnern. Dafür können Sie zu den einzelnen Geschichten ein oder zwei Wörter auf ein buntes Blatt schreiben. Notieren Sie dazu den Ort und das Datum, an dem Sie das Erlebnis hatten. Da steht dann beispielsweise: »Herrlicher Buchenwald. Insel Wolin, August 2013« oder »Christkindlesmarkt, Nürnberg 2012«.

Diese Blätter können Sie dann einzeln in Ihr Schatzkästchen legen und es so immer voller werden lassen.

Mit den Wochen und Monaten und erst recht mit den Jahren werden Sie eine ganze Schatzsammlung von Glücks-Zettelchen beieinanderhaben. Jedes von ihnen erinnert Sie an eine schöne Begebenheit.

Dann können Sie sich an manchen Tagen zusammensetzen und per Zufall ein oder zwei bunte Blätter aus Ihrer Schatzkiste holen und Ihrem Partner oder Ihrer Partnerin vorlesen. Sie werden sich lebhaft erinnern, Sie werden sich freuen und Sie werden miteinander lachen. Es wird mit einem einzigen Wort eine ganze Geschichte lebendig werden – eine Geschichte, die nur Ihnen beiden gehört und die ein Zeugnis Ihrer Liebe ist: ein Paar, ein Wort.

Erlangen, 8. September 2013

Hinweise für professionelle Berater

Sie haben in diesem Buch an vielen authentisch berichteten Beispielen gesehen, wie ich Menschen in Seminaren und auch bei Einzelgesprächen anleite und begleite. Sie haben zahlreiche erprobte Anregungen aus meiner Arbeit kennengelernt.

Sie dürfen sich gern bei den Lingva Eterna Anregungen bedienen. Probieren Sie aus, was Ihnen hilft und was Ihnen relevant erscheint. Schreiben Sie mir, wenn Sie Lust haben, von Ihren Erfahrungen, die Sie damit machen:

LINGVA ETERNA Institut für bewusste Sprache
Mechthild R. von Scheurl-Defersdorf
Anderlohrstr. 42 a, 91054 Erlangen
Tel. 0 91 31 – 5 71 61
info@lingva-eterna.de

Ich habe eine einzige Bedingung: Beachten Sie bitte mein Copyright, wenn Sie die Anregungen publizieren, auch in Ausschnitten. Die Urheberrechte liegen nach wie vor bei mir. Wenn Sie etwas davon zitieren, weisen Sie bitte auf die Quelle hin, nämlich dieses Buch.

Haben Sie Interesse an weiterführenden Informationen zu Lingva Eterna? Dann nehmen Sie bitte mit uns Kontakt auf: www.lingva-eterna.de.

Ich freue mich, von Ihnen zu hören!

Wollen Sie selbst Lingva Eterna Coach oder Dozent werden?

Haben Sie Interesse daran, selbst mit dem Lingva Eterna Sprach- und Kommunikationskonzept zu arbeiten und es professionell einzusetzen?

Dann empfehle ich Ihnen unsere Ausbildung zum Fachdozenten und Coach. Mit diesem Angebot wenden wir uns an Menschen, die im Beruf stehen und das Wissen von Lingva Eterna in ihrem beruflichen Umfeld anwenden und die in ihrem Fachbereich Weiterbildung oder Coaching anbieten wollen.

Im Anschluss an diese Ausbildung haben Sie die Möglichkeit, eine Zusatzqualifikation zum Lingva Eterna Dozenten zu erwerben. Hier lernen Sie, offene Seminare für unterschiedliche Zielgruppen und zu unterschiedlichen Themen zu konzipieren und zu halten.

Für die Tätigkeiten als Coach und als Dozent sind Lebenserfahrung und eine gewisse Ausgeglichenheit in hohem Maße nützlich. Die Ausbildung eignet sich nicht für Menschen, die auf diesem Weg eigene seelische Prozesse klären wollen.

Die Voraussetzung für die Teilnahme an der Fachdozenten-Ausbildung ist unsere Grundausbildung. Sie umfasst 85 Seminarstunden und endet mit dem abschließenden Basiszertifikat. Mit diesem Wissen können Sie sich selbst coachen und anderen Tipps geben. Es berechtigt Sie noch nicht, Lingva Eterna Angebote durchzuführen.

Haben Sie Interesse an unseren Ausbildungen? Nähere Informationen finden Sie auf unserer Homepage: www@lingva-eterna.de.

Ein herzliches Dankeschön

An das Ende dieses Buches stelle ich ein herzliches Dankeschön an all die Menschen, die mir ermöglicht haben, dieses Buch zu schreiben.

Als Erstes gilt mein herzlicher Dank meinem Lebensgefährten und dem Seniorpartner meines Instituts, Dr. Theodor von Stockert. Seit 2004 hat er gemeinsam mit mir das Lingva Eterna Sprach- und Kommunikationskonzept weiterentwickelt und auf das hohe Niveau gebracht, das es heute hat. Auch bei diesem Buch hat er mir mit Rat und Tat zur Seite gestanden, sodass es das werden konnte, was es jetzt ist.

Als Nächstes gilt mein herzlicher Dank meinem Team, Martina Kellner, Olivia Meißlein und Inge Fees. Jede hat auf ihre Weise zum Gelingen beigetragen. Besonders hervorheben will ich Martina Kellner, die neben anderem die Idee für den Titel und das Umschlagbild beigesteuert hat.

Ich danke auch unseren zahlreichen Dozenten und Fachdozenten sowie vielen tausend Seminarteilnehmern, bei denen ich die Wirkung einer klaren und wertschätzenden Sprache erleben durfte und auch weiterhin erleben darf, und für die vielen Praxisbeispiele, die ich natürlich so geändert habe, dass sie nicht mehr zu identifizieren sind.

Ich sage auch meinem langjährigen Supervisor Jürgen Lemke einen herzlichen Dank. Ihm danke ich, dass er mich so großzügig an seinem reichen Erfahrungsschatz teilhaben lässt, und für seine liebevolle Begleitung und Führung.

Schließlich gilt mein herzlicher Dank der Cheflektorin des Kreuz Verlags, Frau Dr. Karin Walter. Seit über zwanzig Jahren arbeite ich immer wieder neu gern mit ihr zusammen. Eine solche Zusammenarbeit ist ein großes Geschenk! Ich danke meinem Lektor, Herrn Dr. German Neundorfer, auch bei diesem Buch für sein stetes Wohlwollen und seine herausragende Genauigkeit beim Lektorieren. Dankeschön!

Erlangen, im September 2013
Mechthild R. von Scheurl-Defersdorf

Literaturempfehlungen

1. Literaturempfehlungen zum Lingva Eterna Sprach- und Kommunikationskonzept

Bücher:

Von Scheurl-Defersdorf, Mechthild R., Deutlich reden, wirksam handeln. Kindern zeigen, wie Leben geht, Verlag Herder Freiburg, 13. Aufl. 2011

In diesem Buch wendet sich die Autorin an Eltern, Großeltern, Erzieherinnen und andere professionelle Begleiter von Kindern. Sie stellt dar, wie wichtig eine klare, wertschätzende Sprache bereits in der frühen Begleitung von Kindern ist. So wird es leicht, die Kinder zum Mitmachen zu bewegen. Gleichzeitig lernen die Kinder von Anfang an eine zielorientierte, friedvolle Sprache kennen, die ihnen das Leben und das Lernen zeitlebens erleichtern wird. Zahlreiche konkrete Anregungen für das Zusammenleben mit Kindern machen das Umsetzen leicht.

Von Scheurl-Defersdorf, Mechthild R., In der Sprache liegt die Kraft, klar reden – besser leben, Verlag Herder Freiburg, 3. Aufl. 2012

In diesem Buch leitet die Autorin den Leser an, seine Sprache und deren Wirkung neu zu entdecken. Sie gibt ihm zahlreiche Anregungen, wie er Lingva Eterna im Alltag anwenden kann, beispielsweise beim Einkaufen, Telefonieren und beim Bestellen im Restaurant. Dabei macht sie ihn auf zahlreiche sprachliche Aspekte aufmerksam und nennt immer wieder Alternativen. Danach zeigt sie ihm, wie er den bewussten Umgang mit der Sprache nutzen kann, um unterschiedliche Lebensthemen günstig zu beeinflussen. Dieses Buch ist ein praktischer Begleiter in zahlreichen lebenspraktischen Situationen.

Von Stockert, Theodor, Meine Sprache und ich. Mit Sprachstruktur Persönlichkeit entwickeln, Lingva Eterna Verlag Erlangen, 2012
Der Arzt und Neurowissenschaftler Dr. Theodor von Stockert hat Lingva Eterna mitentwickelt. Er hat mit diesem Buch das Grundlagenwerk zu diesem Konzept geschrieben. Er stellt die wissenschaftlichen Hintergründe vor und gibt Einblicke in die konkrete Arbeit.

Er beschreibt auf anschauliche Weise die einzelnen Interventionen und nennt die Wirkung einzelner sprachlicher Aspekte für die Entwicklung der Persönlichkeit. Die konkreten Fallbeispiele machen das Buch lebendig. In einem eigenen Kapitel äußert er sich zur Entwicklung der Werte in unserer Gesellschaft und dazu, welche Rolle der bewusste Umgang mit der Sprache dabei spielt.

Hörbuch:

Von Scheurl-Defersdorf, Mechtild R., Theodor R. von Stockert, In der Sprache liegt die Kraft, sich selbst und andere führen, Lingva Eterna Verlag Erlangen, 2. Aufl. 2013 (2 CDs, 150 Minuten)
Das Hörbuch gibt dem Hörer einen Einblick in das Lingva Eterna Sprach- und Kommunikationskonzept und in die Wirkungsweise der Sprache. Es umfasst zwei CDs mit zusammen 150 Minuten. Die erste CD befasst sich mit dem Thema »Ausstrahlung und Persönlichkeit stärken«. Bei der zweiten liegt der Fokus auf dem Thema »Klar und wertschätzend führen«.

Jede CD umfasst acht Kurz-Workshops von je zehn bis zwölf Minuten. Sie enthalten zahlreiche Beispiele aus dem Berufsleben und auch einige Beispiele aus Familie und Schule. Sie laden ein zum Nachmachen und Ausprobieren. Sie erleben dabei Mechthild R. von Scheurl-Defersdorf als Seminarleiterin im Gespräch mit zwei Seminarteilnehmern.

Kartensätze:

Von Scheurl-Defersdorf, Mechthild R., Die Kraft der Sprache, 80 Karten für den tägliche Sprachgebrauch, Lingva Eterna Verlag Erlangen, 9. Aufl. 2012
Der Kartensatz »Die Kraft der Sprache« macht Ihnen die Alltagssprache und deren Wirkung bewusst. Er lenkt den Blick auf alltägli-

che Formulierungen und bietet Ihnen sprachliche Alternativen sowie eine Erklärung zu dem gebrauchten Wortschatz an.

Die Karten machen es leicht, dranzubleiben und schrittweise eine klare, wertschätzende Sprache zu entwickeln. Jede Karte ist eine in sich geschlossene Lerneinheit. Es genügt, jede Woche eine Karte an einem geeigneten Ort aufzuhängen und sie immer wieder einmal anzusehen. Die behandelten Themen befassen sich mit Beispielen aus Familie, Beruf, Gesundheit und dem allgemeinen Umgang miteinander. Sie werden viele Aha-Erlebnisse haben und sicher auch so manches schöne Gespräch haben.

Von Scheurl-Defersdorf, Mechthild R., Sprachkarten – Denkmuster aktiv wandeln, Lingva Eterna Verlag Erlangen, 3. Auf. 2011

Dieser Kartensatz ist für Groß und Klein. Er ist für alle, die Freude an der Sprache haben und selbständig denken wollen. Die Karten lenken den Blick auf die Denkmuster in unserer Sprache. Denkmuster prägen sich in der Kindheit und Jugend ein und bleiben im Wesentlichen bestehen. Sie finden ihre Entsprechung in unserer individuellen Sprache. Etliche von ihnen engen unser Leben ein.

Die in diesem Kartensatz angebotenen Sätze beleuchten an Beispielen vier einengende Denkmuster und leiten an, diese zu erkennen und selbständig zu wandeln. Damit fördern sie eine bejahende Grundeinstellung und ein lösungsorientiertes Handeln.

Der Kartensatz findet vielfältig Anwendung bei Aus- und Weiterbildungen, in der Schule, in der Familie und bei zahlreichen weiteren Gelegenheiten.

Wunschwürfel:

Anna Schütte-Bruns

Wörter können Wünsche sein. Sie können sich mit einem Wunschwürfel selbst oder auch Ihrem Partner etwas wünschen. Dabei können Sie zwischen mehreren Themen wählen: Anna Schütte-Bruns hat Wunschwürfel zu den Themen Wunder, Wohlstand, Leichtigkeit und Klarheit entwickelt und auch einen eigenen für Kinder.

2. Weitere Literatur-Empfehlungen

Duden, das Herkunftswörterbuch, Etymologie der deutschen Sprache, Bibliografisches Institut AG, Mannheim, 2007
Das Herkunftswörterbuch ist eine wahre Fundgrube für die Geschichte und ursprüngliche Bedeutung einzelner Wörter. Zahlreiche Erläuterungen zum kulturgeschichtlichen Hintergrund einzelner sprachlicher Aspekte lassen die Sprache in ihrer Entwicklung lebendig werden.

Hellinger, Bert, Ordnungen der Liebe, Carl-Auer-Systeme-Verlag Heidelberg, 8. Auflage 2007
Der Psychotherapeut Dr. Bert Hellinger bietet in seinem Buch »Ordnungen der Liebe« eine lebendige und umfassende Darstellung seiner systemischen Psychotherapie und Psychosomatik.
Dieses Buch berichtet von Schicksalen und davon, was Schicksale zum Besseren wendet. Es wird deutlich, dass die meisten Probleme dort entstehen, wo jemand lebt, ohne die Ordnungen der Liebe zu achten, und dass Lösungen bei dieser Ordnung beginnen.
Ihm verdanke ich die tiefe Erkenntnis in die fundamentale Bedeutung von systemischer Ordnung.

Klemperer, Victor, LTI, Notizbuch eines Philosophen, Reclam Verlag Leipzig, 21. Aufl. 2005
Dr. Victor Klemperer war Philologe und Professor für Romanistik. In den Jahren 1933–45 durfte er als Jude nicht lehren. Sein Buch LTI machte ihn über die Grenzen Europas hinaus auch bei einem ungelehrten Publikum bekannt. Die Abkürzung LTI steht für Lingua Tertii Imperii, die Sprache des Dritten Reichs. Sein Buch ist die erste professionelle Kritik der Sprache jener Zeit und gleichzeitig ein erschütterndes Dokument aus grauenvollen Jahren seines Lebens.
Dr. Victor Klemperer zeigt in diesem Werk, dass damals die gezielt veränderte Sprachstruktur und der moralische Verfall Hand in Hand gingen. Sein Buch öffnete mir die Augen für die Bedeutung der Sprachstruktur im Dritten Reich.

Prekop, Jirina, Familie lebt von Liebe, Kreuz Verlag, 2013
Dr. Jirina Prekop ist Psychologin. Zeitlebens setzt sie sich dafür ein, dass Kinder ein liebevolles Zuhause haben und dass die Liebe in

den Familien frei fließen kann. Sie macht den Partnern Mut, einander immer wieder neu ohne Wenn und Aber in Liebe anzunehmen und Konflikte durchzustehen, statt sie unter den Teppich zu kehren oder wegzulaufen. Ihr fundamentales Wohlwollen, ihre große Ehrlichkeit und ihre gelebte Nächstenliebe lassen wahre Wunder geschehen.

Ich danke ihr für ihre jahrelange Freundschaft.

Quarch, Christoph, Hin und weg, verliebe dich ins Leben, J. Kamphausen Verlag Bielefeld, 2. Aufl. 2011
Den Philosophen, Theologen und Religionswissenschaftler Dr. phil. Christoph Quarch lernte ich als Mitreferenten auf einem Kongress für alternative Medizin kennen. Er verführt seine Leser dazu, sich mit Haut und Haar einer erotischen Lebenskunst zu überlassen, die körperliche Lust genauso braucht wie meditative Spiritualität. Bei ihm fand ich die wunderbare Idee, »sich ganz in die Liebe fallen zu lassen«, »to fall in love«.

Swedenborg, Der Mensch als Mann und Weib, Sexualität und eheliche Liebe in der Schau Emanuel Swedenborgs, erläutert von Gerhard Gollwitzer, Swedenborg Verlag Zürich in Verbindung mit dem Lorber Verlag Bietigheim, 1. Aufl. 1973
Prof. Gerhard Gollwitzer ist ein profunder Swedenborg-Kenner und macht dessen komplexes Werk für die Gegenwart zugänglich. Emanuel Swedenborg (1688–1772) war ein schwedischer Wissenschaftler, Mystiker und Theosoph des 18. Jahrhunderts. In seinem Buch »Der Mensch als Mann und Weib« hebt er hervor, dass der Mensch nur als Mann und Frau zusammen vollständig ist.

Seine Sichtweise hat mir einen alten, wenn auch für mich neuen Zugang zu dem Thema Partnerschaft eröffnet.

Printed in Poland
by Amazon Fulfillment
Poland Sp. z o.o., Wrocław

51006049R00134